Bertrand Wamba

Accomplir sa destinée en Christ

Bertrand Wamba

Accomplir sa destinée en Christ

Pour quoi suis-je sur terre?

Éditions Croix du Salut

Imprint

Cover image: www.ingimage.com

Publisher:
Éditions Croix du Salut
is a trademark of
International Book Market Service Ltd., member of OmniScriptum Publishing Group
17 Meldrum Street, Beau Bassin 71504, Mauritius

Printed at: see last page
ISBN: 978-613-7-36623-3

Table des matières

DÉDICACE :

Au Rev. Dr ReubenEzemadu, directeur international de la Fondation Missionnaire Chrétienne. Il est focalisé dans la mission parmi les peuples non-atteintsdepuis près de 40 ans parce qu'il sait clairement ce que Dieu attend de lui. Dans ce sens, il est pour moi un exemple à suivre dans l'accomplissement de sa destinée.

PREFACE

Lorsque le Pasteur missionnaire Wamba m'a demandé d'écrire la préface de ce livre, j'ai été surprise et gênée. Je ne comprenais pas pourquoi il aurait voulu porter son choix sur moi car je savais ne pas être la mieux placée pour le faire. Mais dès le début de ma lecture j'ai compris que le Seigneur voulait d'abord me parler à moi, sa fille.

Ce manuel vient répondre à une panoplie de questions que je me suis posée concernant mon appel, le plan du Seigneur pour ma vie, que je ne cesse de découvrir.

Étant d'un côté éducateur, il définit clairement les notions relatives à l'appel, la mission, le travail pour le Seigneur et les actes que nous devons poser jour après jour pour rester dans la vision que nous avons reçue. D'un autre côté, il peut pleinement servir de garde-fou tout au long de notre marche chrétienne, car centré sur l'essentiel, Dieu lui-même.

Il ne s'agit pas ici d'un manuel sur comment être épanoui ou jouir pleinement de notre vie comme beaucoup aimeraient lire. Il s'agit plutôt d'un document d'orientation pour se découvrir en Christ et marcher selon SA seule volonté, pour au final, y trouver notre plein épanouissement.

En effet, découvrir son appel c'est comprendre que nous ne sommes pas créés pour nous divertir, mais plutôt pour accomplir une mission qui a été planifiée pour nous dès notre conception dans Sa pensée. Il nous faut donc nous atteler à nous mettre à Son service, lui rendant ainsi toute la gloire.

Priscille Victoire Kibissai, gestionnaire des ressources humaines.

Introduction

Quel est le but de la vie ? Les poètes et les sages de tous les continents se sont intéressés à cette question tout au long de l'histoire humaine. Certains, qui ne voyaient dans la vie qu'un ensemble disparate d'évènements sans un sens ou une direction précise ont dit : « *Mangeons et buvons car demain nous mourrons* ».Ceux qui parlent ainsi sont souvent caractérisés par la débauche, le désordreet le fatalisme. Par contre, la plupart de ceux qui ont réalisé de grandes choses et laissé un héritage mémorable à l'humanité sont ceux qui croyaient en une certaine transcendance et étaient focalisés dans leur vie. Albert Einstein disait que tout le monde est un génie, mais si on évalue un poisson à sa capacité à grimper sur un arbre, il passera sa vie à croire qu'il est idiot. Dieu a créé chacun de nous avec des capacités et des aptitudes précises pour réaliser des choses bien déterminées qui seules pourront nous apporter un épanouissement véritable et donner un sens à notre vie. Si vous n'êtes pas en harmonie avec votre créateur dans la manière de mener votre vie, il vous sera très difficile de trouver votre raison d'être sur terre et de vous en réjouir. Vous vous sentirez très souvent comme ce poisson qui cherche à grimper à un arbre. Quelle frustration !

Citant le petit catéchisme de Westminster, John Piper pose la question : « Quel est le but principal de la vie de l'homme ? » Puis répond : *« Le but principal de la vie de l'homme est de glorifier Dieu en trouvant en Lui son bonheur éternel »* (John Piper, « *Au risque d'être heureux* », page 26).

Vous avez été créé pour un but, et c'est seulement en l'accomplissant que vous pouvez à la fois être vraiment heureux tout en glorifiant Dieu, votre créateur. Vous avez été créé par Lui et pour Lui, autrement la vie n'aurait aucun sens.

Vous avez été créé pour un but, et c'est seulement en l'accomplissant que vous pouvez à la fois être vraiment heureux tout en glorifiant Dieu, votre créateur.

Mais attention : Nous ne glorifions pas tous Dieu de la même manière. Par exemple, le poisson glorifie Dieu en nageant tandis que l'oiseau glorifie Dieu en prenant son envol. En tant qu'êtres humains, nos capacités, nos talents et nos dons sont tellement diversifiés que Dieu nous attend sur des terrains aussi variés pour le glorifier et trouver en Lui et par Lui la joie de vivre quoiqu'il advienne.

La Bible dit que David, après avoir en son temps servi au dessein de Dieu est mort et a été enseveli (Actes 13 :36). Après avoir reçu le petit enfant Jésus dans ses bras, Siméonbénit Dieu en disant : « *Maintenant, Seigneur, tu laisses ton serviteur s'en aller en paix, selon ta parole* ». C'était le dernier acte de sa vie et il le savait. Il était en fin de mission sur terre. Paul aussi a déclaré vers la fin sa vie : « *...Le moment de mon départ approche. J'ai combattu le bon combat, j'aiachevé la course, j'aigardé la foi. Désormais la couronne de justice m'est réservée...* » (2Tim.4 :6-8).

Les exemples de David, Siméon, Paul et bien d'autres sont là pour nous montrer qu'un homme peut effectivement savoir ce que Dieu attend de lui sur cette terre, et l'achever avant de mourir. C'est le défi que chacun de nous doit s'efforcer de relever, et c'est cela accomplir sa destinée en Christ. Le but de ce livre est de vous aider à mieux percevoir et circonscrire votre mission sur terre afin de l'accomplir avant votre départ.

CHAPITRE 1: COMPRENDRE LA DIRECTION DIVINE POUR ACCOMPLIR SA DESTINÉE

I. Dons et talents: indicateurs de ce que Dieu attend de vous

Vous êtes né(e) pour un but. Vous êtes venu dans ce monde pour une mission bien déterminée; un objectif bien précis. Mais ce n'est pas en vous-même qu'il faut rechercher ce but pour lequel vous êtes né car il ne se trouve pas en vous, mais en Dieu votre créateur et votre concepteur.

- Il dit à Jérémie : « *Avant de t'avoir formé dans le sein de ta mère, je t'ai choisi; et avant ta naissance, je t'ai consacré : je t'ai établi prophète pour les nations* » (Jérémie 1:5).

Vous n'avez peut-être pas été consacré et établi prophète des nations comme Jérémie, mais vous avez certainement quelque chose de spécifique. Il est impossible que vous soyez né(e) pour rien. La Bible dit que Dieu a tout fait pour un but (Prov. 16:4).

- Paul précise qu'il était mis à part avant sa naissance pour être apôtre (Gal. 1:15-16).
- Dieu choisit Betsaleel et Oholiab pour être inventeurs, artistes, concepteurs, et même enseignants de leur art et savoir-faire à d'autres (Exode 35: 30-35). En termes d'aujourd'hui, on dirait qu'ils étaient des ingénieurs de renom.
- Asaël était agile comme une gazelle sauvage (2 Samuel 3:18) ; La course était son affaire.
- Voici la description des guerriers qui sont venus prêter main forte à David. « *Ils étaient armés d'arcs et savaient se servir indifféremment de la main droite ou de la main gauche pour lancer des pierres, ou tirer des flèches de leur arc ... C'étaient de vaillants guerriers, des soldats exercés au combat, sachant manier le bouclier et la lance. Ils étaient aussi braves que des lions et aussi rapides que des gazelles sur la montagne* » (1Chron.12: 2, 9) ; la guerre était leur affaire.
- 200 chefs de la tribu d'Issacar savaient interpréter les temps pour savoir ce que devait faire Israël (1Chr. 12:32). C'étaient des sages équipés et doués pour donner la direction à la nation.
- Au temps du roi David, les conseils donnés par Achitophel avaient autant d'autorité que si l'on avait consulté Dieu lui-même (2Samuel 16 :23). On dirait aujourd'hui que Dieu l'a oint pour être conseiller à la présidence.
- Du temps des juges, il y avait 700 hommes de la tribu de Benjamin qui ne se servaient que de la main gauche, mais qui pouvaient en lançant une pierre avec la fronde, viser à un cheveu sans le manquer (Juges 20 :16). C'étaient tous des tireurs d'élite.
- Zabulon devait être un côtier, spécialiste des mers et des navires (Gen.49:13).
- Le sceptre ne devait pas s'écarter de Juda (Gen.49:10) ; la royauté était en lui ; on dirait un leader-né.

- Issacar était qualifié d'âne très vigoureux (Gen.49:14) ; il devait être particulièrement fort.
- Aser devait fournir les mets délicats des rois (Gen. 49:20) ; la cuisine était son domaine.
- Nephtali devait être poète (Gen.49:21).
- Un disciple du nom de Joseph a été surnommé *Barnabas*, c'est-à-dire *fils de l'exhortation* à cause de cette aptitude particulièrement prononcée chez lui (Actes 4:36).
- Salomon avait composé 1005 cantiques et Charles Wesley en a composé 3000. C'étaient des auteurs compositeurs.
- Le réformateur Jean Calvin a écrit 80 gros livres. Son inspiration semblait intarissable et sa plume coulait comme de l'eau. Son talent d'écrivain et sa passion pour écrire sont indiscutables.
- *« Dieu faisait des miracles extraordinaires par les mains de Paul »* (Actes 19:11).
- Etc.

Ainsi, il existe des centaines de talents, de dons et par conséquent de métiers dans le monde.

1. **Les Dons du Saint Esprit** (Habiletés surnaturelles acquises seulement pour ceux qui ont fait l'expérience de la nouvelle naissance selon Jean 3:3-8).

1Cor.12:8-10

- Parole de sagesse (pour répondre aux questions difficiles)
- Parole de connaissance (pour accéder aux informations cachées)
- Foi (non pas dans le sens où tous les chrétiens l'exercent, mais de façon particulière et face à un besoin précis)
- Guérisons
- Miracles
- Prophétie (parler spontanément et directement de la part de Dieu)
- Discernement (reconnaitre ce qui vient de Dieu ou non)
- Langues (parler spontanément une langue inconnue et jamais apprise auparavant)
- Interprétation des langues (interpréter une langue inconnue)

Rom. 12:6-8

- Prophétie
- Service (Diaconat)
- Enseignement (Aptitude particulière à transmettre des connaissances)
- Encouragement (Exhortation)
- Donner
- Présider (Diriger)

- Miséricorde ou compassion (secourir)

Les dons du ministère qui viennent du Christ pour servir son Eglise (Eph.4:11)

- Apôtres
- Prophètes
- Évangélistes
- Pasteurs et docteurs

2. **Les talents** (Habiletés naturelles innées ou acquises)

- L'art culinaire
- La couture
- La cordonnerie
- L'ingénierie
- La musique
- La menuiserie
- L'athlétisme
- Les inventions
- Les Mathématiques
- La Mécanique
- La coiffure
- La navigation maritime ou aérienne
- La conduite automobile
- La natation
- La maçonnerie
- Le génie civil
- Etc.

Nous pouvons résumer en 4 points principaux les critères qui peuvent nous aider à savoir si nous avons un don ou un talent quelconque :

1. Ce que nous faisons aisément et bien.
2. Ce que nous faisons, qui nous rend heureux ou épanouis.
3. Ce que nous faisons, qui rend les autres heureux ou épanouis.
4. Ce que nous réussissons régulièrement ou ce qui nous réussit le plus souvent le mieux.

Dans certains cas, un de ces critères seul pourrait suffire à déterminer un don ou un talent. Mais ce serait encore mieux si nous considérons les 3 autres facteurs.

3. Les Appels spécifiques

Les appels spécifiques peuvent être définis de plusieurs manières. Ici nous comprendrons un appel spécifique comme le cadre dans lequel Dieu nous envoie exercer un don ou un talent.

Pierre et Paul étaient tous deux apôtres, mais l'un était pour les Juifs tandis-que l'autre était pour les non- juifs (Gal. 2:8). Ils avaient le même ministère, mais des appels différents.

William Carey et Hudson Taylor étaient tous des missionnaires, mais l'un était envoyé en Inde tandis-que l'autre était envoyé en Chine.

Ainsi on peut être appelé à servir Dieu:

- Parmi les enfants.
- Parmi les prisonniers.
- Parmi les réfugiés.
- Parmi les malades.
- Parmi les enfants de la rue.
- Parmi les élèves ou les étudiants.
- Parmi les drogués ou les brigands.
- Parmi les prostituées.
- Parmi les musulmans.
- Dans un continent, un pays ou un peuple précis.
- Dans un gouvernement comme Daniel et ses amis, Joseph ou Néhémie.
- Dans une tribu ou un groupe particulier.
- Dans une ville ou un village particulier à un moment donné.
- Etc.

Lorsque vous utilisez vos dons et talents dans le cadre qui correspond à l'appel de Dieu pour votre vie, votre travail ou votre métier quel qu'il soit, devient une véritable adoration, même si vous ne chantez aucun cantique.

Lorsque vous utilisez vos dons et talents dans le cadre qui correspond à l'appel de Dieu pour votre vie, votre travail ou votre métierquel qu'il soit, devient une véritable adoration, même si vous ne chantez aucun cantique. En plus, vous êtes plus disposé(e) à une longue et heureuse vie lorsque vous faites ce pour quoi vous avez été créé(e) ; parce que vos nerfs, vos muscles et vos cellules s'y reconnaissent et sont de loin moins stressés que s'il en était autrement. Votre vie reçoit une valeur ajoutée, votre entourage est édifié, Dieu est glorifié et se charge lui-même de vous rémunérer. Dans ces conditions, vous êtes au service du Seigneur même si vous êtes payés par une structure laïque et que vous n'avez aucun titre dans l'église.

Ces grâces particulières, qu'elles soient innées ou acquises, sont des équipements spéciaux pour accomplir notre destinée. Elles sont en même temps des indicateurs de ce que Dieu attend de nous.

Certains ont une combinaison de plusieurs dons et talents. Paul était missionnaire, administrateur, orateur, écrivain, faiseur de tente, et accomplissait aussi des miracles. David était berger, poète, chantre, prophète, homme de guerre, administrateur, etc. Le cadre dans lequel nous les exerçons peut aussi changer avec le temps. Dieu fait des dons ou des grâces à chacun de ses enfants pour le bien de tous (1Cor.12:7). Et chacun d'entre eux est utile pour la sécurité, le développement et le bien-être de l'homme ; jusqu'à ce que nous parvenions à la mesure de la stature parfaite de Christ. Même la capacité de gérer efficacement les gens de manière à ce qu'ils soient vraiment heureux et épanouis sous ton leadership est un don de Dieu (Rom. 12:8c, Mt. 24: 45-47).

Une relation personnelle avec Dieu dans l'obéissance est nécessaire pour recevoir de LUI un don spirituel. En revanche, il distribue des talents à tous, et parfois même dès la naissance de certains sans tenir compte de leur foi. Ces grâces particulières, qu'elles soient innées ou acquises, sont des équipements spéciaux pour accomplir notre destinée. Elles sont en même temps des indicateurs de ce que Dieu attend de nous. La Bible dit: « *Que celui qui est appelé au ministère (service) s'attache à son ministère. Que celui qui enseigne s'attache à son enseignement. Et celui qui exhorte (encourage) à l'exhortation. .. Que celui qui dirige le fasse avec sérieux...* » (Rom. 12:7-8).

Dieu veut que vous fassiez ce que vous savez bien faire, ce pour quoi il vous a équipé; sauf indication contraire de sa part.

Dieu veut que vous fassiez ce que vous savez bien faire, ce pour quoi il vous a équipé; sauf indication contraire de sa part. Il dit:

- « *...Prends garde au ministère que tu as reçu dans le Seigneur, afin de bien le remplir* » (Col. 4:17).
- « *Ne néglige pas le don qui est en toi... » (1Tim.4:14).*
- « *...Je t'exhorte à ranimer le don de Dieu que tu as reçu...* » (2Tim.1:6).

Par conséquent, on peut conclure que Dieu ne s'attend pas à ce que vous fassiez des choses pour lesquelles il ne vous a ni équipé ni appelé spécifiquement. Aucun athlète ne peut êtrecouronné s'il n'a pas lutté selon les règles.Ouzza avait été frappé de mort par l'Eternel parce qu'il avait tendu la main pour saisir l'arche qui menaçait de tomber (1 Chr.13: 9-10). Il était bien intentionné et a eu un bon réflexe. Mais, malheureusement pour lui, seuls les lévites étaient autorisés à toucher à l'Arche de l'Alliance. Cette erreur lui a coûté la vie. Il n'était pas à son poste et n'était pas qualifié pour faire ce qu'il a fait. Beaucoup de gens périssent, d'autres sont frustrés ou improductifs dans leur vie parce qu'ils ne sont pas à leur place. Ils essaient de faire des choses pour lesquelles ils n'ont pas été équipés par Dieu. Ils font simplement des choses qui leur tombent sur la main. Vous ne pouvez pas accomplir votre destinée de cette manière.

Par contre, chacun de nous rendra compte pour chaque talent ou don que Dieu lui a confié. Ceux qui ne les auront pas utilisés ou qui les auront utilisés plutôt pour faire du mal aux autres seront chassés de la présence de Dieu pour le châtiment éternel, au dernier jugement (Mt. 24: 48-51; Mt. 25:24-30). Nous devons travailler davantage chacune de ces qualités pour devenir toujours plus productifsdans chacun des domaines où Dieu nous a envoyés.

Bien que l'utilisation de vos dons et talents soit indispensable à l'accomplissement de votre destinée, elle seule ne peut suffire. Il faut nécessairement associer la connaissance et la direction de Dieu pour y arriver. Le moyen par excellence pour grandir dans la connaissance de Dieu et de ses voies, c'est une relation personnelle avec Dieu qui ne peut s'obtenir que par une conversion authentique, et s'entretenir à travers des exercices spirituels quotidiens comme la prière, la méditation et la pratique de la Parole de Dieu, etc. Si vous ne discernez pas la pensée de Dieu pour votre vie, vous utiliserez facilement vos dons et talents pour faire ce qui vous intéresse. Or le Seigneur vous a donné cet équipement pour accomplir sa volonté et non simplement pour votre bon plaisir. Dans son livre « *Thepurposedriven life*» (*Une vie motivée par l'essentiel,* page 19), Rick Warren fait remarquer qu'il est possible que vous utilisiez la grâce de Dieu sur votre vie pour réaliser de très grandes choses sans pour autant être dans l'essentiel qui est la volonté ou le plan de Dieu.

II. La direction divine: Comment Dieu parle-t-il ?

Dans le désert, les enfants d'Israël ont vu beaucoup de miracles, mais ils avaient aussi besoin de la direction divine pour traverser tout ce désert et arriver à Canaan sans problème. La Bible dit : « *Chaque fois que la nuée s'élevait au-dessus de la tente, les Israélites levaient le camp; et là où elle s'arrêtait, ils dressaient leur campement. Ainsi, c'est au signal de l'Éternel que les Israélites levaient le camp et à son signal qu'ils le réinstallaient* » (Nombres 9:17).

La nuée représente le Saint Esprit. Nous devons être conduits par l'Esprit Saint. Bien qu'il ne soit plus visible aujourd'hui, il conduit encore comme il le faisait avec Israël dans le désert. Paul était l'apôtre des païens et devait annoncer l'Évangile partout où Christ n'avait pas été mentionné (Rom.15 :20). Mais, malgré les dons extraordinaires qu'il avait reçus du Seigneur pour accomplir sa mission, il devait encore se laisser guider par l'Esprit du Seigneur pour faire chaque chose en son temps. Nous voyons l'Esprit Saint l'empêcher à plusieurs reprises d'annoncer l'Évangile dans certaines villes dans lesquelles il voulait pourtant entrer (Actes 16:6-7). Malgré toute l'onction et la puissance spirituelle du Seigneur Jésus, il ne faisait rien de lui-même, c'est-à-dire de sa propre initiative, mais seulement ce que le père lui montrait (Jn.5:19).

Voici quelques manières par lesquelles l'Esprit de Dieu nous conduit encore aujourd'hui :

1. Les rêves

Dieu parle plus par les rêves que par tous les autres moyens réunis. Que l'on soit chrétien ou non, lettré ou illettré, le moyen que Dieu a le plus utilisé pour parler aux hommes dans l'histoire est le rêve. Même la plupart des prophètes dans la Bible recevaient leur message en rêve.

Le Seigneur dit Aaron et Miriam: « ...*S'il se trouve parmi vous un prophète de l'Éternel, c'est dans une vision que je me révélerai à lui, ou dans un rêve que je lui parlerai* » (Nombres 12:6).

Les rêves, les visions et les songes sont tous des types de révélations de la même famille, juste avec de légères différences. Nous n'entrerons pas dans tous ces détails dans le cadre de cette étude, mais nous pouvons simplement retenir que ces trois moyens de communication divine se manifestent en général dans le sommeil ou dans un certain assoupissement.

- Dieu parla à Abimelec, un roi païen du temps d'Abraham, dans un rêve (Gen. 20:3-7).
- Dieu parla à Pharaon, le roi païen de l'Égypte ancienne du temps de Joseph, dans un rêve (Gen. 41:1-36).
- Dieu parla aux 2 fonctionnaires qui étaient en prison avec Joseph par des rêves (Gen. 40:5-22).
- Dieu parla à Nebucadnetsar, roi de Babylone, à plusieurs reprises par des rêves (Dan.2: 1-45).
- Dieu parla au prophète Daniel à plusieurs reprises par des rêves (Dan.2:19; Dan.7 et 8).
- C'est dans un rêve que le roi Salomon reçut l'onction divine qui lui conféra la plus grande sagesse du monde (1Rois3:4-15). Des années après ce rêve, voici le rapport qui fut fait sur la vie de Salomon: « *Dieu donna à Salomon une sagesse exceptionnelle, une très grande intelligence et une large ouverture d'esprit qui le fit s'intéresser à des questions aussi nombreuses que les grains de sable au bord de la mer. Sa sagesse dépassait celle de tous les sages de l'Orient et de l'Égypte. Il surpassait tous les autres, même Étân, l'Ezrahite, Héman, Kalkol,et Darda, les fils de Mahol...* » (1Rois 4:29-31).
- Dieu parla à Joseph, le père terrestre de Jésus à plusieurs reprises par des rêves (Matt.1:20-24; Matt.2:13-15; Matt.2:19-23). C'est d'ailleurs grâce à un de ses rêves qu'il s'installa à Nazareth avec sa famille et que le Christ fut appelé Jésus de Nazareth.
- Dieu parla à la femme du roi Hérode du temps du Christ dans un rêve (Matt.27:19).
- Dieu parla à l'apôtre Paul plusieurs fois par des rêves. C'est dans un rêve qu'il reçut l'appel pour aller prêcher en Macédoine et c'est suite à un rêve qu'il fit 1 an 6 mois à Corinthe (Actes 16:9-10; Actes 18:9-11).
- Etc.

Par ces rêves, Dieu donnait des informations sur le présent ou le futur des hommes, des pays et même du monde entier, permettant ainsi d'éviter des pièges et des erreurs qui auraient pu coûter la vie à des millions d'hommes ou à des générations entières.

Job dit: « *Et pourtant, Dieu nous parle, tantôt d'une manière et puis tantôt d'une autre. Mais l'on n'y prend pas garde. Il parle par des songes et des visions nocturnes, quand un profond sommeil accable les humains endormis sur leur couche. Alors il se révèle à l'oreille des hommes, scellant les instructions dont il les avertit, afin d'écarter l'homme de ses agissements, de le préserver de l'orgueil. Ainsi, il gardera sa vie hors de la tombe et la préservera des coups du glaive* » (Job 33:14-18).

Doit-on donc comprendre que tous les rêves sont des messages de Dieu? Loin de là! Nous disons seulement que c'est le moyen que Dieu utilise le plus pour nous parler. A moins d'avoir des arguments vraiment pertinents, il faut éviter d'attacher trop d'importance aux rêves qui viennent lorsque vous êtes très préoccupé par une situation, en colère, émotionnellement troublé, malade, dans un grand besoin, etc. Car certains rêves sont simplement une construction de notre subconscient en rapport avec nos besoins profonds et nos fantasmes. Si quelqu'un qui a dormi affamé rêve qu'il est en train de manger, il ne devrait pas particulièrement considérer ce rêve comme un message de Dieu.

Généralement les rêves qui reviennent à plusieurs reprises sont des messages venant de Dieu. Joseph dit à Pharaon: « *Si le rêve du Pharaon s'est répété par 2 fois, c'est que Dieu a irrévocablement décidé la chose et qu'il va l'exécuter sans délai* » (Gen.41:32).

Vous devez donc apprendre à prêter attention à vos rêves, surtout ceux qui sont revenus à plusieurs reprises ou ceux qui ne vous quittent pas l'esprit comme le cas de Nebucadnetsar. Il peut être nécessaire de chercher l'interprétation de votre rêve auprès d'une autre personne ou auprès de Dieu. Enfin soyez assez courageux pour agir lorsque vous croyez que c'est Dieu qui vous a parlé. Si vous le croyez, alors osez agir ; même s'il s'agit de sortir de votre pays comme Abraham ou d'abandonner vos affaires comme l'avait fait Joseph. Cela pourrait vous sauver avec toute votre famille comme Joseph, le père adoptif de Jésus, qui quitta le Pays d'Israël de nuit pour se refugier en Egypte à la faveur d'un songe (Mt.2 :13-14). C'est dans cette obéissance à l'instruction divine que se produit le miracle de la manifestation de Dieu.

2. Le cœur de l'homme

Dieu nous parle aussi souvent dans nos cœurs. C'est du cœur que vient l'inspiration divine. Voilà pourquoi Salomon donne ce conseil : *« Par-dessus tout : veille soigneusement sur ton cœur, car il est à la source de tout ce qui fait ta vie* » (Prov.4:23).

Toutes tes décisions dépendent de ton cœur. C'est là que sont cachées la centrale de la décision et de l'indécision.

- L'Esprit du Seigneur habite dans le cœur du chrétien régénéré et lui parle à partir de son cœur (Gal.4:6; Rom. 5:5).

- Le cœur du roi est comme un courant d'eau entre les mains du Seigneur et il lui donne la direction qu'il veut (Prov.21:1).
- C'est Dieu qui crée en nous (dans nos cœurs) le vouloir et le faire (Phil.2:13).

Oui, Dieu communique sa volonté dans nos cœurs. Si nous savons écouter nos cœurs, nous pourrons plus facilement en certaines circonstances discerner la volonté de Dieu. Par exemple, pendant une prière, on peut sentir soudainement la joie remplir son cœur. En écoutant une *mauvaise nouvelle*, quelqu'un peut sentir plutôt la paix et non la tristesse remplir son cœur. On peut perdre la paix chaque fois qu'on prie ou qu'on pense à un sujet précis. On peut parfois sentir son cœur battre (1Sam. 24:5-7; 2Sam. 24:19-11), être saisi d'angoisse, avoir le cœur agité, etc.

Les impressions positives dans nos cœurs comme la joie, la paix, l'amour, l'assurance, etc. témoignent de l'action de Dieu en faveur de la cause ou de la situation qui est devant nous. Si par contre, c'est la peur, le trouble, la tristesse, etc. que nous ressentons, alors on peut comprendre que le Seigneur n'est pas favorable à l'affaire en question.

On peut aussi ressentir des messages *monter* dans nos cœurs comme si quelqu'un nous parlait à l'intérieur de nous-mêmes. Ces messages ne sont pas le fruit d'une quelconque méditation ; très souvent ils viennent spontanément tous seuls, sans antécédent et s'imposent à nous. Parfois, c'est juste des convictions profondes ou des fardeaux qui défient toute logique. Dans ses moments de doute, c'est de cette façon que Martin Luther King avait reçu la conviction que Dieu voulait qu'il continue la bataille pacifique contre le racisme aux Etats-Unis (Martin Luther King dans son livre « *La force d'aimer* »). Une sœur me raconta une fois qu'elle était juste convaincue qu'un *certain frère* dans l'église était faux et hypocrite. Mais elle n'avait aucune preuve. Il paraissait plutôt très actif, plein de zèle et animait la prière. Pourtant, près de 5 ans plus tard, il fut surpris en flagrant délit de fornication et d'escroqueries répétées. Mais au lieu de se repentir, il préféra quitter le groupe et continuer avec cette mauvaise vie.

Seul le vrai vous peut accomplir votre destinée ; personne d'autre ne peut y arriver.

Nos cœurs nous parlent aussi de passion, ce que nous faisons sans efforts particuliers, sans voir passer le temps; c'est le véritable nous-mêmes, l'expression de notre personnalité la plus profonde. **Laissez vos cœurs s'exprimer librement et n'essayez jamais d'être quelqu'un d'autre**. Quelqu'un a dit que la vie est l'examen le plus difficile. La plupart de gens échouent parce qu'ils essaient de copier chez les autres, sans réaliser que nous ne répondons pas aux mêmes questions.Débarrassez-vous des habits de Saül comme l'a fait David avant de vaincre Goliath. Soyez vous-même ! Seul le vrai *vous* peut accomplir votre destinée ; personne d'autre ne peut y arriver.

Mais attention ! Doit-on conclure que tous les sentiments, passions ou convictions que nous avons fortement sur le cœur viennent toujours de Dieu? Pas toujours; car « *le cœur de l'homme est tortueux et méchant par-dessus toute autre chose; qui pourrait le connaître* ? » (Jérémie 17:9).

Vous ne pouvez pas absolument maîtriser votre propre cœur. Mais il serait encore plus dangereux d'ignorer ce que vous ressentez. Nous conseillons plutôt d'associer à ces impressions ou ces messages intérieurs, la pureté, la neutralité et la connaissance de la Parole écrite de Dieu.

a. La pureté

Un cœur souillé sera plus enclin à vous tromper par rapport à la volonté de Dieu que si vous étiez purs d'esprit. Par exemple, si vous êtes cupide, votre cœur ne pourra pas facilement percevoir le piège caché derrière une mauvaise affaire, juste parce qu'elle paraîtra très prometteuse. Le mauvais penchant de votre cœur deviendra un obstacle qui va empêcher l'Esprit Saint d'agir. Ce sera plutôt la voix de votre propre nature (la chair) qui s'imposera à vous. Le même scénario peut se reproduire si vous avez de la haine, la colère, la rancune, l'amertume, la convoitise, etc. en vous et que vous vous mettez à écouter Dieu dans votre cœur. Le point de départ pour avoir un cœur pur c'est la régénération du cœur par l'Esprit Saint. Dieu a promis de nous donner un cœur nouveau et de mettre son Esprit en nous (Ez.36:26-27). Il a promis de répandre son Esprit sur toute chair (Joël 2:28). Si vous ne l'avez jamais fait, vous pouvez vous appuyer sur ces versets pour demander à Dieu de changer votre mauvais cœur et de vous donner un cœur nouveau. C'est ce que la Bible appelle la conversion. Si vous êtes vraiment prêt à changer de vie, Dieu changera votre cœur si vous le lui demandez sincèrement. Ensuite, prenez l'habitude de veiller à la pureté de votre cœur afin d'en recevoir aussi des messages purs du Seigneur. Une manière de cultiver la pureté du cœur est de passer un temps chaque jour dans la présence de Dieu par la prière et la lecture de sa Parole.

Le point de départ pour avoir un cœur pur c'est la régénération du cœur par l'Esprit Saint.

b. La neutralité

Evitez d'écouter votre cœur lorsque vous avez déjà pris position par rapport à un sujet. Par exemple, vous voulez savoir si c'est la volonté de Dieu que vous deveniez médecin-missionnaire en Afghanistan ou alors médecin dans votre propre pays. Il faut que vous parveniez à être vraiment neutre dans votre cœur pour pouvoir discerner la voix de Dieu. Si vous préférez ou désirez clairement rester chez vous, alors il y a de fortes chances que votre cœur vous dise ce que vous voulez entendre.

Je conseille aux jeunes gens par exemple, de prier pour que Dieu leur montre leur conjoint avant qu'un sentiment quelconque ne se réveille en eux pour quiconque. Lorsqu'on aime déjà quelqu'un, la confusion n'est plus loin et on peut facilement se tromper. Car en général, ton cœur te dira ce que tu aimes. Un des problèmes majeurs dans la recherche de la volonté de Dieu est donc de parvenir à une neutralité absolue dans son cœur; telle que tu puisses dire à Dieu: «Seigneur, je n'ai pas de préférence, ma position sera ta position lorsque je la saurai. »

Jacques dit que nous ne recevons pas de Dieu ce que nous lui demandons parce que nous demandons dans le but de satisfaire nos propres passions (Jacques 4:3).

Pour Georges Mueller (Cité par Henry Blackaby dans le livre *« ExperiencingGod, knowing and doing the will of God »*, page34), 90% des difficultés à écouter la voix de Dieu se trouve à ce niveau. Il dit que si nos cœurs étaient prêts à faire la volonté de Dieu quelle qu'elle soit, nous aurions déjà 90% de chance de la connaître.

3. La Parole écrite de Dieu

Un jour, une femme mariée tomba follement amoureuse d'un autre homme qui lui faisait la cour. Elle était mariée depuis 10 ans, n'avait pas d'enfant avec son mari et passait par une crise affective avec lui. En fait, elle trouvait que son mari la négligeait un peu trop au profit de son travail. Elle commença donc sérieusement à se demander si ce n'était pas Dieu qui mettait cet autre homme sur son chemin pour qu'elle connaisse enfin le vrai bonheur. Face à telle situation, l'on peut facilement se rendre à l'évidence que la dame s'interrogeait de la sorte juste parce qu'elle ne connaissait pas vraiment la Bible.

Le lien du mariage est sacré et quand bien-même vous seriez amoureux (se) d'un (e) autre, ignorez les balbutiements de votre cœur car Dieu a été suffisamment clair à ce sujet par sa Parole écrite. C'est pourquoi nous devons lire les saintes Écritures au quotidien, les connaître, les considérer fortement et prioritairement lorsque nous cherchons la volonté du Seigneur (Josué1:8).

Parfois aussi, Dieu combine sa Parole écrite avec une conviction dans notre cœur. Par exemple, un verset biblique qui s'impose à votre cœur et dont vous n'arrivez pas à vous en défaire. Ceci pourrait se produire pendant la prière, la lecture de la Bible ou même pendant que vous êtes en route. Dieu pourrait vous parler directement, mais par le moyen de sa Parole écrite pour la résolution d'un problème ou la réponse à un besoin précis. Par la bouche de Jésus, Dieu parla directement aux disciples sur le chemin d'Emmaüs, mais en utilisant les Écritures en même temps (Luc 24:27). Parfois, pendant la prédication, vous vous sentez particulièrement touché à un moment donné. Cette partie du message vous concerne particulièrement. Dieu est entrain de vous parler.

4. Les expériences personnelles récurrentes

Lorsque vous faites plusieurs fois la même expérience, sans le secours d'aucune main, alors faites attention. Dieu parle tantôt d'une manière, tantôt d'une autre. Dieu est un pédagogue, expert dans la répétition des choses importantes. Une des plus grandes doctrines de la Bible c'est l'unicité de Dieu et l'Abomination de l'idolâtrie. Dieu la répète au moins 200 fois.

Des rêves qui se répètent, des choses qui vous arrivent chaque mois ou chaque année, avec une périodicité précise, à des endroits précis, après certains événements doivent faire l'objet de sérieuses investigations. Si ces choses sont négatives, vous devez dans la prière briser ce cycle maléfique qui enlace votre vie et prendre aussitôt des mesures physiques pour briser la connexion. Par exemple, si je tombe malade ou si je rencontre de sérieux problèmes chaque fois que je vais dans mon village d'origine, je prierai, mais j'éviterai aussi d'y aller autant que possible. Il y a des gens dont la présence est vraiment nuisible, éloignez-vous d'eux autant que vous pouvez.

Si ces choses sont positives, vous devez essayer de renforcer la connexion avec elles. Par exemple, malgré tous les miracles opérés par Jésus, la plupart des Juifs ne le reconnurent point comme l'envoyé de Dieu. C'est pourquoi Jésus pleura sur Jérusalem qui ne connut pas le jour de sa visitation (Luc 19:41-42).

En voyant tout le bien découlant de la présence de Jésus, les hommes sages se seraient davantage rapprochés de lui. C'est cela, renforcer la connexion. Il y a des gens dont la présence est vraiment bienfaisante pour vous. Essayez d'en faire vos amis. Paul parle de dégager une odeur de mort pour les uns et une odeur de vie pour les autres (2Cor.2:15-16). Certains lieux ou certaines gens dégagent des puissances maléfiques ou bénéfiques qui peuvent vous affecter soit négativement, soit positivement. Alors, soyez vigilants, observez et prenez note.

Parfois aussi vous pourrez remarquer qu'une certaine grâce se dégage de vous. Vous devez en prendre conscience et en tirer avantage. Peut-être les gens sont toujours particulièrement marqués lorsque c'est vous qui présidez la rencontre, enseignez, chantez, faites la cuisine, organisez, servez, etc. Vous n'avez pas besoin que le Seigneur vous parle spécifiquement pour que vous continuiez à faire ce qui édifie déjà tant de personnes. Peut-être, chaque fois c'est vous qu'on choisira pour faire telle ou telle chose, même lorsque vous êtes dans un nouveau milieu. Prenez note, ce n'est pas tout hasard. J'ai rencontré un monsieur qui me raconta qu'il présidait partout où il allait et sans efforts particuliers. Même dans le quartier où il était nouvellement arrivé, il a été nommé chef du quartier alors qu'il y avait plus anciens, plus riches et plus *qualifiés* que lui. C'était un signe suffisant pour montrer que Dieu avait mis en lui des qualités pour le leadership et qu'il voulait l'utiliser pour diriger les

Vous n'avez pas besoin que le Seigneur vous parle spécifiquement pour que vous continuiez à faire ce qui édifie déjà tant de personnes.

Si vous vous sentez particulièrement bien dans votre être dans un domaine particulier, alors c'est très probablement un signe que vous devez vous lancer dans ce domaine.

hommes.

Si vous vous sentez particulièrement bien dans votre être dans un domaine particulier, alors c'est très probablement un signe que vous devez vous lancer dans ce domaine. Mais, il faut essayer de combiner ce sens d'accomplissement ou de satisfaction personnelle avec l'épanouissement des autres tel que nous avons vu plus haut. Ainsi Dieu utilise ce qui vous arrive souvent pour vous parler.

5. Les manifestations surnaturelles

Nous clôturons avec le moyen le plus rare par lequel Dieu parle aux hommes. C'est très probablement parce qu'il ne veut pas nous effrayer qu'il utilise rarement ce moyen pour nous parler. Car alors, nous serons plus focalisés sur le moyen de communication que le message lui-même. Presque tous ceux qui ont vu des anges ont été terrifiés, sauf lorsque ceux-ci ont paru vraiment et simplement sous forme humaine. Lorsque Dieu est descendu au Mont Sinaï pour donner les 10 commandements au peuple d'Israël, c'est le peuple qui demanda à Moïse d'aller seul à la rencontre de Dieu et venir leur rapporter la suite de leur échange, tellement le spectacle de la présence de Dieu était insoutenable et effrayant qu'ils avaient tous peur de mourir.

Certains ont entendu Dieu leur parlé de vive voix. Selon les témoignages, la voix est très grave, comme celle de grandes eaux, comme celle d'une foule, mais parfois aussi très douce (1Rois 19:11-13).

Dieu parle aussi directement par la bouche de certains. Ce sont des prophéties (1Cor.12:10).

Une seule fois dans la Bible, Dieu a parlé à quelqu'un par la bouche d'une ânesse (Nombres 22 :28-30).

Tout compte fait, le Seigneur combine souvent plusieurs de ses moyens pour nous parler : Rêve, conviction du cœur, Parole écrite, manifestation surnaturelle, tous peuvent être utilisés à tour de rôle et même parfois simultanément par Dieu pour nous transmettre son message.

Au demeurant, Dieu veut se faire connaître. Il veut que vous appreniez à le connaître afin d'être guidé par LUI pour accomplir votre destinée. C'est le but ultime de tout ce que nous venons de dire. La création entière attend la révélation des fils de Dieu, c'est-à-dire ceux qui accomplissent leur destinée ou ce pour quoi ils ont été créés (Rom. 8:19).

III. Que faire de la direction divine ?

Une fois que c'est clair pour vous que Dieu vous a parlé de ce qu'il attend de vous, par une ou plusieurs des méthodes que nous venons de voir, ou même que nous n'avons pas mentionnées dans ce livre, vous devez désormais faire de cette direction ou de cette parole le focus de votre vie.

Être focalisé sur la vision de Dieu pour votre vie et ne pas rentrer ou regarder derrière comme Israël, est essentiel pour l'accomplissement de votre destinée. Au lieu de penser à la terre promise et parler de la terre promise, ils passèrent leur temps dans le désert à penser et à parler de ce qu'ils avaient et faisaient en Égypte. Ils finirent par exaspérer le Seigneur avec cette attitude qui tue la vision du futur. Certains passent leur temps à comparer leur ancienne vie dans le monde à celle que Dieu leur offre présentement. Ils trouvent que la vie offerte par Dieu est médiocre voire misérable. Israël disait :

- En Égypte on pouvait avoir une meilleure sépulture,
- En Égypte on avait l'eau et la nourriture en abondance,
- En Égypte on avait l'ail, les oignons, les concombres,
- Dans ce désert, rien que de ce pain misérable qu'on appelle la manne,
- etc.

Aujourd'hui, d'aucuns disent :

- Dans le monde, on avait plus d'argent,
- Dans le monde, j'avais plus d'opportunités,
- Dans le monde, j'étais très respecté,
- Dans le monde, les princes et les ministres ont les comptes bancaires les plus fournis ; les plus belles maisons, les plus belles voitures; portent les vêtements les plus chers, se font soigner dans les plus grands hôpitaux, ont des enfants fréquentant les écoles les plus prestigieuses et nous alors princes ou ministres de Dieu, ne valons-nous pas plus qu'eux ? Ne nous en faudrait-il pas plus ? Ne méritons-nous pas que Dieu nous traite mieux ?
- Nous sommes fatigués du pain quotidien. Nous sommes las de toujours prier pour les moindres besoins sans même être sûrs de les obtenir. Nous voulons le pain de 1000 jours; des réserves sans nombre pour le futur.
- Etc.

Cette attitude à toujours comparer les choses de Dieu à celles du monde ne réjouit guère le Seigneur des seigneurs. La Bible dit: « *N'aimez point le monde, ni les choses qui sont dans le monde. Si quelqu'un aime le monde, l'amour du père n'est point en lui.* » Parfois certaines de ces choses pour lesquelles nous menaçons d'abandonner la foi sont de véritables abominations sur le plan spirituel. Dieu n'est pas foncièrement contre le luxe, mais pourquoi et pour quoi veux-tu ces choses? La réponse à ces questions est déterminante devant Dieu, car: « *Ce qui est en haute estime parmi les hommes, Dieu l'a en horreur* » (Luc 16:15).

Penser ou parler régulièrement de l'Égypte (les choses du monde ou celles que Dieu n'approuve pas) est le signe de ce que nos cœurs sont encore dans le monde, même si nous sommes avec les enfants de Dieu. Notre situation ressemble à celle de la femme de Lot. Physiquement, elle sortait de Sodome et Gomorrhe, mais son cœur y était encore, voilà pourquoi elle ne pouvait s'empêcher de regarder derrière. Par Habacuc, Dieu nous exhorte en ces termes: « *Écris clairement la vision...* » (Habacuc 2:2-3). Écris ce que Dieu t'a montré, médite constamment dessus, même si cela tarde à s'accomplir. Fais des recherches sur ce sujet. Fais des études ou des formations dans le domaine. Une des raisons pour lesquelles les pauvres restent pauvres c'est le manque d'accès à l'éducation (AjagaNji, *Whypoor people remainpoor,* p.26). Il faut payer le prix pour se former et s'informer continuellement afin de rester à jour et être capable de relever le défi dans le domaine où Dieu nous appelle. Selon son témoignage, l'ancien footballeur GeorgesWeah du Liberia ressentait au fond de lui un appel à diriger son pays. Il se présenta plusieurs fois aux élections sans succès. Quelques-uns de ses détracteurs l'appelaient « illettré ». Mais entre ses échecs il s'est formé et a finalement pu remporter les élections présidentielles.

Priez pour l'accomplissement de la vision, même si ça vous prend des années. La prière agit parfois comme un incubateur qui aide à garder votre vision vivante en vous. De plus, elle vous aide à être spirituellement éveiller pour discerner le ''bon moment'' pour passer à l'action. Jésus a pleuré sur Jérusalem parce qu'elle n'a pas su reconnaître le temps de sa visitation. « *Comme il approchait de la ville, Jésus, en la voyant, pleura sur elle, et dit: Si toi aussi, au moins en* ***ce jour qui t'est donné****, tu connaissais les choses qui appartiennent à ta paix! Mais maintenant elles sont cachées à tes yeux. Il viendra sur toi des jours où tes ennemis t'environneront de tranchées, t'enfermeront, et te serreront de toutes parts; ils te détruiront, toi et tes enfants au milieu de toi, et ils ne laisseront pas en toi pierre sur pierre, parce que tu n'as pas connu le temps où tu as été visitée* » (Luc 19:41-44). La plus grosse tragédie dans votre vie est de ne pas savoir quand Dieu vous tend la main. C'est tellement grave que Dieu lui-même pleure sur votre sort. Chacun a son jour de visitation divine. Equipez-vous de telle sorte que vous ne soyez pas pris au dépourvu lorsque votre jour se lèvera ; lorsque les portes s'ouvriront et que vous aurez l'occasion de passer à l'action. Même si les portes ne sont pas encore ouvertes, quoique vous fassiez en attendant, gardez un œil sur votre vision. Pensez-y toujours car c'est par là que s'accomplira votre destinée ; tout le reste n'est que formation à la réalisation de la vision. Dès lors que l'opportunité de faire ce que Dieu vous a dit se présentera, foncez immédiatement sans plus attendre.

La plus grosse tragédie dans votre vie est de ne pas savoir quand Dieu vous tend la main.

Dès lors que l'opportunité de faire ce que Dieu vous a dit se présentera, foncez immédiatement sans plus attendre.

Paul déclarait : « *Lorsqu'il plut à celui qui m'avait mis à part dès le sein de ma mère, et qui m'a appelé par sa grâce, de révéler en moi son Fils, afin que je l'annonce parmi les païens,* ***aussitôt****, je ne consultai ni la chair ni le sang,...mais je partis...* » (Gal.1:15-17). Persévérez dans votre tâche, les débuts pourraient être difficiles, mais n'abandonnez jamais. Bon nombre de missionnaires ayant reçu un appel authentique de la part du Seigneur ont travaillé pendant

10 ans avant de commencer à voir des gens se convertir dans leur champ de mission. « *Si nous persévérons, nous règnerons aussi avec lui* » (2 Tim.2:12).

IV. Gérer le sentiment d'inadéquation

La parole de Dieu dans votre vie est au-dessus de vos dons spirituels, car il pourrait arriver que Dieu vous envoie accomplir une mission dans un domaine où vous n'avez ni talent naturel, ni don surnaturel, ni expérience.

Le sentiment d'inadéquation se traduit par le fait de sentir ou de penser qu'on n'est pas à la hauteur de la tâche. Vous n'êtes pas seul à avoir ce sentiment. Divers hommes de Dieu même parmi les plus célèbres l'ont exprimé avant vous de différentes façons:

- Moïse dit à Dieu: « *Qui suis-je, pour aller vers pharaon, et pour faire sortir d'Égypte les enfants d'Israël* ? » (Exode 3:11)
- A 3 reprises, il dit: « *J'ai la langue embarrassée* » (Exode 4:10; 6:12; 6:30).
- Le roi David alla se présenter devant l'Éternel, et dit: « *Qui suis-je, Seigneur Éternel, et quelle est ma maison... ?* » (2Sam.7:18)
- Esaïe le prophète déclara : « *Malheur à moi! Je suis perdu, car je suis un homme dont les lèvres sont impures* » (Esaïe 6:5).
- Gédéon répliqua: «*Ah! Mon Seigneur, avec quoi délivrerai-je Israël ? Voici, ma famille est la plus pauvre en Manassé, et je suis le plus petit dans la maison de mon père* » (Juges 6:15).
- Jérémie dit: « *Ah! Seigneur Éternel! Voici, je ne sais point parler, car je suis un enfant* » (Jer. 1:6).
- Salomon dit: « *je ne suis qu'un jeune homme, je n'ai point d'expérience » (1Rois 3:7).*
- Etc.

Notre capacité nous vient de Dieu (2Cor.3:5). TA CAPACITÉ TE VIENT DE DIEU.

Face à ces expressions d'inadéquation, Dieu répondit presque de la même manière à tous: « Je serai avec toi. » En réalité, la présence de Dieu nous suffit. L'apôtre Paul déclare que **notre capacité nous vient de Dieu** (2Cor.3:5). TA CAPACITÉ TE VIENT DE DIEU. Nous avons tout pleinement en Lui (Col.2:10).

Dieu veut que tu commences avec ce que tu as ; avec ce qui est à ta portée ; avec ce que tu peux faire.

Une des raisons pour lesquelles les hommes ont souvent le sentiment d'inadéquation est que ce que Dieu les appelle à faire est de loin au-dessus de leur moyen ou de leur compétence. Du coup on a une image gigantesque de ce qu'on doit faire et on se met naturellement à penser à tout l'arsenal qu'il faudrait pour y arriver. Or cette démarche n'est pas appropriée. Dieu veut que tu commences avec ce que tu as ; avec ce qui est à ta portée ; avec ce que tu peux faire. Il dit à Moise : « *Qu'as-tu entre les mains* ? »... Et le bâton de Moise est devenu le bâton de Dieu. Dieu veut de même se servir du peu que tu as pour faire de grandes choses. David n'avait que sa fronde et les cailloux du torrent à sa portée : il s'en est servi pour terrasser Goliath. Les disciples n'avaient que 5 pains et 2 poissons, mais le Seigneur s'en est servi pour nourrir 5000 hommes sans compter les femmes et les enfants. Nous devons demander à Dieu d'ouvrir nos yeux pour voir ce qui est à notre portée au lieu de passer le temps à nous plaindre de ce que nous n'avons pas pour le servir. A cet effet Jésus a donné plusieurs paraboles pour montrer que les choses de Dieu ne commencent jamais en grandes pompes. Notre Dieu est un Dieu des petits commencements.

- *« Le Royaume de Dieu ne vient pas de manière à frapper les regards » (Luc 17 :20).*
- *« Le Royaume des cieux ressemble à une graine de moutarde qu'un homme a prise et semée dans son champ. C'est la plus petite de toutes les semences, mais quand elle a poussé, elle est plus grande que les légumes et devient un arbre, de sorte que les oiseaux du ciel viennent habiter dans ses branches » (Mt.13 :31-32).*
- *« Le Royaume des cieux ressemble à du levain qu'une femme a pris et mis dans trois mesures de farine pour faire lever toute la pâte* » (Mt.13 :33).

La provision de Dieu est dans son appel.

Lorsque Dieu vous envoie accomplir une mission, tout ce dont vous avez besoin se trouve dans votre ordre de mission qui est sa Parole. La provision de Dieu est dans son appel. Dans le désert par exemple, les enfants d'Israël ne pouvaient ni cultiver ni acheter ni faire la cuisine, mais Dieu qui les avait envoyés dans le désert leur avait aussi envoyé le pain du ciel (la manne). Il leur suffisait de suivre la colonne de nuée, symbole de la direction divine pour être sûrs d'avoir la manne, symbole de la provision divine. Entre 2005 et 2006, le Seigneur m'envoya dans une dizaine de villages à l'intérieur du pays pour annoncer l'Évangile. Certains de ces villages étaient tellement retirés qu'aucune voiture ne pouvait y accéder. C'était en plein cœur de la forêt au Sud-Ouest du Cameroun et l'accès ne pouvait s'y faire qu'à pieds. Je m'y rendais ne connaissant personne. Et chaque fois que j'arrivais dans un village, Dieu suscitait toujours quelqu'un ou une famille pour m'accueillir et me donner à manger. Lors d'une de ces tournées d'évangélisation, je fis 6 jours de marche, dormant chaque nuit chez des inconnus jamais rencontrés auparavant. Une fois, je contractai la dysenterie dans un village et pouvais à peine prêcher en position debout à cause de la terrible douleur qui me tenaillait le ventre. A ma grande surprise ce fut dans ce village précis où j'étais dans une grande faiblesse que le plus grand nombre de personnes répondit à l'appel à la repentance. La Parole de Dieu ou la direction divine devrait dépasser toutes nos limites, même nos dons et nos talents. Le plus important pour Dieu dans votre vie, c'est votre destinée. Elle transcende le temps et vous accompagne dans l'éternité. La Bible dit: « Heureux dès à présent ceux qui meurent dans le Seigneur!...ainsi ils se reposent de leurs travaux, mais leurs œuvres les suivent » (Apocalypse 14:13). Satan sait tout aussi bien que vous pourrez amener avec vous après cette vie tout ce que vous aurez fait pour Dieu selon Sa volonté (1Cor.3:14). La plupart des hommes négligent cette vérité éternelle pour s'embourber aveuglement dans des choses qui ne peuvent pas traverser la tombe. Puisse le Seigneur de l'univers vous aider à changer de cap pour toujours et à demeurer dans sa pensée pour votre vie. Amen !

CHAPITRE 2: COMPRENDRE SON DÉSERT POUR ENTRER DANS SON CANAAN

Introduction

« Je me suis convertie au Christ en 1979. Dieu a opéré de grands miracles dans ma vie et s'est servie de moi pour miraculeusement sauver de nombreuses personnes. Je fus instantanément guérie des palpitations cardiaques et de l'hypertension artérielle. Un jour alors que nous priions pour une personne morte dans notre entourage, elle revint à la vie. Nous parlions de Dieu partout et priions presqu'à tout moment. Les grandes promesses de Dieu faites à notre endroit s'accomplissaient déjà quand soudain le flot se coupa. La marche avec Dieu devint rude, moins captivante ; la routine s'installa, le surnaturel disparu. Aujourd'hui, vingt ans et bien plus après ma conversion, plus grand chose à raconter pour témoigner de la puissance agissante de Dieu dans ma vie comme à ces débuts. Hélas, la fête aux témoignages prit fin ; elle n'avait duré que 3 à 5 ans environ. » Telle était l'histoire narrée d'une dame il y a quelques années.

Des histoires semblables sont légion dans l'église. Après avoir accepté le Seigneur Jésus, il semble si proche au tout début; on ressent sa présence presqu'au quotidien ; on vit régulièrement des choses extraordinaires qui ne peuvent être expliquées autrementque par le fait que Dieu soit lui-même intervenu. Et puis, ... plus rien. Je me souviens de l'histoire d'un certainmonsieur Louis qui avait été miraculeusement guéri d'un cancer en phase terminale. Alors que les Médecins l'avaient renvoyé à la maison attendre irrémédiablement sa fin, il reçut la visite des chrétiens venus lui parler de Jésus. Ayant dit oui à Jésus, il fut guéri peu après suite à sa foi et aux prières élevées en sa faveur. Pourtant quelques années plus tard Dieu est redevenu comme lointain, et ne semble plus aussi proche qu'en ce moment-là.

Chez la plupart des chrétiens convertis depuis plusieurs années, la marche chrétienne n'est pas très alléchante. On a l'impression de ramer à contre-courant, les choses sont difficiles et le ciel ne répond pas toujours au premier cri de détresse.Parfois le découragement frappe ànotre porte et la question de Gédéon nous vient à l'esprit : «...Si l'Eternel est avec nous, pourquoi tant de malheurs s'abattent-ils sur nous ? Où sont donc tous ces prodiges que nos pères nous ont racontés en nous disant que l'Eternel nous a fait sortir d'Egypte ? (Juges 6 :13)

N'est-ce pas à peu près la même chose que nous voyons avec le peuple d'Israël dans la Bible? Dieu l'a sauvé miraculeusement de l'esclavage en Égypte par de grands signes et prodiges extraordinaires. Il a fendu toute une mer pour les faire passer à sec et a fait revenir la mer pour noyer les Égyptiens qui essayaient alors de les poursuivre. Comme dans un rêve, ces gens ont été miraculeusement libérés de 400ans d'esclavage devant l'armée la plus puissante au monde sans utiliser une seulearmephysique.

Pourtant, juste quelques semaines après, dans le désert, Dieu semble mettre une pause à la fête pour régler certains problèmes dans leur cœur. Le flot des miracles diminue considérablement, les épreuves arrivent une après l'autre, les murmures et les plaintes remplacent la louange et l'adoration; les morts tombent par milliers. Que se passe-t-il? Dieulesaurait-il piégé en faisant semblant de les sauver pour les exterminer ensuite dans le désert, comme le pensaient certains parmi eux? Loindelà! Dieu les amène au contraire dans un **pays où coulent le lait et le miel** (expressions symboliques pour signifier l'abondance et le bien-être). Mais avant de leur confier ces richesses matérielles et spirituelles, il faut les éduquer à travers divers tests.

Des temps anciens à nos jours, la pédagogie de Dieu est restée la même. « Ce qui a été c'est ce qui sera, et ce qui était c'est ce qui est » (Ecclésiaste 3:15). Savoir reconnaître son désert et comprendre pourquoi Dieu nous fait passer par là, est capital pour arriver à la terre promise. Car c'est seulement en reconnaissant son désert et en sachant s'y conduire que l'on se qualifiera pour l'étape suivante avec Dieu.

Probablement la plus grande tragédie de l'église serait la mort de millions de soldats de la croix dans leur désert. Ils meurent sans voir l'accomplissement de ce que Dieu leur a promis.Ils meurent frustrés, avec des questions et des doutes au sujet des promesses de Dieu dans leur vie. Au temps d'Israël, sur 600.000 hommes qui étaient partis d'Égypte, seuls 02 ont pu entrerà Canaan (Exode 12:37; Nombres 14:28-30). Cette vérité quoiqu'effrayante hélas, n'a pas beaucoup changé aujourd'hui! Un des problèmes majeurs est qu'ils ne comprenaient pas les voies de Dieu (Psaumes 106:7). Voilà pourquoi, pareils à des élèves reprenant la même classe encore et encore, ils tournaient en rond. Les quarante années passées le désert auraient pu se solder en deux années si et seulement s'ils étaient restés soumis et obéissants (Dt.2:14). Leur cou raide, symbole de rébellion et d'insoumission, leur valut 38 années supplémentaires au cours desquelles le désert engloutit presque toute une génération.

Même si par miracle vous vous retrouviez à Canaan sans réussir le test du désert, vous seriez aussitôt rattrapés par cet échec ; car vous seriez semblable à un médecin ou un soldat qui ayant triché lors de sa formation se serait retrouvé au poste, mais vu son incompétence aurait vite été disqualifié.

Ce livre a été écrit pour vous aider à mieux comprendre votre désert, bien le gérer afin de ne pas y mourir ; mais plutôt, entrer dans les merveilleuses promesses de Dieu pour vous : votre Canaan, votre saison des pluies, vos abondantes bénédictions.

I. Qu'est-ce que le Désert ?

1. Définition descriptive

Géographiquement, le désert est un lieu sec, où la vie est particulièrement difficile du fait des températures très élevées, de la rareté de l'eau et de l'ombre. A cause du sol très sablonneux, la marche est ralentie et très pénible. Les dunes de sable sont parfois brûlantes, les tempêtes et les tourbillons fréquents, les arbres presqu'inexistants.

Par analogie, le désert représente spirituellement un moment de la vie où les choses sont très difficiles, la marche avec Dieu devient particulièrement pénible à cause de nombreux obstacles tant à l'intérieur qu'à l'extérieur de notre vie. La provision divine se fait rare, l'on doit vivre avec le strict minimum et s'accrocher fermement pour ne pas lâcher et trahir le Seigneur.

Généralement, le désert se pointe au début de notre vie chrétienne, dès les 5 premières années. Cependant, il peut se prolonger indéfiniment si nous tournons en rond sans assimiler les leçons et sans la volonté d'avancer avec Dieu dans le renoncement, l'obéissance et la confiance.

2. Définition analytique

L'aigle est un oiseau utilisé dans la Bible pour symboliser la grandeur, l'excellence ou la suprématie. Or le Seigneur compare le désert par lequel il a fait passer son peuple à la formation que les aigles donnent à leurs petits.

Il fut comme un grand aigle qui pousse sa couvée à prendre son envol, planant sur ses aiglons, puis, étendant ses ailes, il les a pris et portés sur ses ailes

Moïse dit: « *l'Éternel a pour bien son peuple ; les enfants de Jacob, voilà sa possession.L'Éternel l'a trouvé dans une steppe aride, dans un désert inhabité, rempli de hurlements. Il a pris soin de lui et l'a éduqué. Il a veillé sur lui comme sur la prunelle de ses yeux! Il fut comme un grand aigle qui pousse sa couvée à prendre son envol, planant sur ses aiglons, puis, étendant ses ailes, il les a pris et portés sur ses ailes* » (Dt. 32: 9-11).

Le Seigneur de dire lui-même : « *Vous avez vu vous-mêmes comment j'ai traité les Égyptiens etcomment je vous ai portés comme sur des ailes d'aigles pour vous faire venir jusqu'à moi* » (Exode 19:4)

Dans son livre *The path of the eagle* (*La trace de l'aigle*), le Dr. David Oyedepo décrit cette analogie entre la formation des aigles et la formation des enfants de Dieu de manière très frappante. En effet, les aigles qui sont si forts et si courageux ne sont pas nés ainsi. L'aigle construit son nid avec des brins de bois, des piquants et les recouvre de ses plumes à la fin. Vers la 11ème semaine après leur éclosion, les aiglons peuvent déjà prendre leur envol, mais très peureux, ils n'arrivent pas à affronter les airs. C'est alors que mère aigle débarrasse le nid des plumes et expose ses petits à la douleur des piquants. Le but étant de leur enlever le confort du nid pour les pousser au dehors. Mais comme ils continuent à refuser de quitter la niche, mère aigle finira par les lâcher dans les airs l'un après l'autre à l'aide de son bec.Lorsque l'Aiglon est sur le point de s'écraser, l'aigle plane, le récupère et recommence l'exercice jusqu'à ce que le petit comprenne qu'il doit étendre ses ailes comme sa mère pour ne plus descendre en chute libre. Plus tard, le petit apprenti peureux deviendra le seul oiseau capable d'affronter les tornades et les tempêtes les plus violentes. En fait, les aigles s'en servent pour monter en flèche comme des fusées pendant que les autres oiseaux fuient se cacher. C'est admirable de voir les aigles utiliser les vents violents qui font si peur pour s'amuser. Mais ils ne sont pas nés ainsi, il leur a fallu une formation rude de la part de leur mère pour y arriver.

C'est de cette même manière que le Seigneur dit avoir transporté ses enfants comme sur des ailes d'aigle pour les pousser à prendre leur envol. La Bible dit : *« Supportez vos souffrances : elles servent à vous corriger. C'est en fils que Dieu vous traite. Quel est le fils que son père ne corrige pas* (Heb. 12 :7) ? Ces moments difficiles et douloureux de formation ont pour objectif de développer notreplein potentiel afin que nous devenions ce que Dieu attend de nous. Ils peuvent aussi être considérés comme le désert de notre vie. **Dieu nous fait donc passer par le désert pour obtenir le meilleur qu'on puisse avoir du matériel brut que nous sommes. Il veut faire de nous des aigles pour affronter les plus hauts sommets et non des poules ou des oiseaux ordinaires.** « *Les adolescents se lassent et les jeunes gens se fatiguent, mais Ceux qui se confient en l'Eternel renouvellent leur force ;* ***Ils prennent leur envol comme l'aigle*** *» (Esaïe* 40 :30). Non seulement les aigles se servent des tempêtes pour monter en flèche, mais ils peuvent aussi s'élever jusque dans les nuages loin au-dessus de la portée des hommes et de tout prédateur. C'est ainsi que Dieu veut nous apprendre à utiliser les problèmes et les obstacles que nous rencontrons dans notre vie pour nous élever loin au-dessus de nos ennemis. Mais il faut d'abord que nous passions par son école dans le désert.

II. Les déserts du Désert

« Car il ne faut pas que vous ignoriez ceci, frères : après leur sortie d'Égypte, nos ancêtres ont tous marché sous la conduite de la nuée, ils ont tous traversé la mer, ils ont donc tous, en quelque sorte, été baptisés *pour Moïse* dans la nuée et dans la mer. Ils ont tous mangé une même nourriture spirituelle. Ils ont tous bu la même boisson spirituelle, car ils buvaient de l'eau jaillie d'un rocher spirituel qui les accompagnait; et ce rocher n'était autre que le Christ lui-même. Malgré tout cela, la plupart d'entre eux ne furent pas agréés par Dieu, puisqu'ils périrent dans le désert.

Tous ces faits nous servent d'exemples pour nous avertir de ne pas tolérer en nous de mauvais désirs comme ceux auxquels ils ont succombé. Ne soyez pas idolâtres comme certains d'entre eux l'ont été, selon ce que rapporte l'écriture: le peuple s'assit pour manger et pour boire, puis ils se levèrent pour se divertir.

Ne nous laissons pas entraîner à l'immoralité sexuelle comme firent certains d'entre eux et, en un seul jour, il mourut 23.000 personnes.

N'essayons pas de forcer la main au Christ, comme le firent certains d'entre eux qui, pour cela, périrent sous la morsure des serpents.

Ne vous plaignez pas de votre sort, comme certains d'entre eux, qui tombèrent sous les coups de l'ange exterminateur.

Tous ces événements leur sont arrivés pour nous servir d'exemples. Ils ont été mis par écrit pour que nous en tirions instruction, nous qui sommes parvenus au temps de la fin. » 1Cor.10:1-11

Toutes ces gens qui ont péri dans le Désert pour diverses raisons avaient pourtant reçu du Seigneur la même promesse à savoir : un pays de délices où coulent le lait et le miel. Malheureusement, ils n'y sont jamais arrivés; et pour eux cette promesse ne s'est pas accomplie. Ils ont presque tous été dévorés par le Désert à cause des manquements graves dans leurs comportements et leurs attitudes à l'égard de Dieu.

Exactement comme cela s'était passé avec les enfants d'Israël après leur sortie d'Égypte, le Seigneur aujourd'hui aussi nous fait passer par une série de tests après notre conversion avant de nous faire entrer dans notre destinée, notre terre promise. Chaque test correspond à un désert par lequel Israël est passé pendant sa longue traversée du Désert.

1. **Le désert de Chur:Le test du contentement et de la patience. Exode 15:22-25**

Il peut être surprenant pour beaucoup d'apprendre que ce test est le plus récurrent et le plus important dans la vie de tous les serviteurs de Dieu. Il revient dans tous les déserts par lesquels les enfants d'Israël sont passés. Ceux qui échouent au test du contentement et de la patience n'iront nulle part avec Dieu. Abraham a dû attendre 25 ans pour voir la promesse de Dieu pour un enfant s'accomplir dans sa vie. Joseph a dû attendre 22 ans pour voir s'accomplir son rêve de grand leader mondial honoré même par sa famille. David a dû attendre 12 ans pour voir se confirmer son appel comme roi d'Israël. Paul parle de la patience comme étant la première marque caractéristique d'un apôtre (2Cor.12:12).

Ceux qui échouent au test du contentement et de la patience n'iront nulle part avec Dieu.

Les enfants d'Israël ont échoué ce test tout le long de leur parcours dans le désert et ont fini par presque tous y rester. Là où il n'y a ni contentement ni patience se retrouvent plaintes et murmures, deux maux des plus récurrents parmi les péchés pratiqués par Israël dans le désert.

- Dans le désert de Chur, toute l'assemblée des Israélites se plaignit de Moïse et d'Aaron. Après 3 jours de marche alors qu'ils épuisèrent leur réserve d'eau, ils découvrirent un point d'eau hélas amère. Ils ne purent supporter et se mirent aussitôt à se plaindre. Ils auraient pu attendre en silence ou dans la prière le secours de l'Éternel, mais non. Pourtant juste un mois avant, ils avaient expérimenté le miracle de la mer rouge, l'un des plus grands de l'histoire de l'homme. Mais la leçon n'avait pas été assimilée. Qu'à cela ne tienne, Dieu indiqua à Moïse un bois pour assainir les eaux de Mara. Et plus loin devant, ils trouvèrent 12 fontaines d'eau. Pourquoi eurent-ils donc à murmurer ? N'eut-t-il pas juste fallu un peu de patience pour voir la solution trouvée par Dieu à leur problème ?

- On aurait espéré que ce fût la dernière fois qu'ils murmuraient. Ah! Que non! Dans le désert de Sin, face à une épreuve semblable, murmures et plaintes recommencèrent contre Moïse et Aaron. Ils leur dirent: « Ah! Pourquoi l'Éternel ne nous a-t-il pas fait mourir en Égypte où nous étions installés devant des marmites pleines de viande et où nous mangions du pain à satiété ? Tandis qu'à présent, vous nous avez fait venir dans ce désert pour y faire mourir de faim toute cette multitude » (Exode 16:2-3).
- Dans le désert de Rephidim, pressé par la soif, le peuple se plaignit de Moïse et dit: « *Pourquoi nous as-tu fait quitter l'Égypte ? Est-ce pour nous faire mourir de soif ici, nous, nos enfants et nos troupeaux* ? » (Exode 17:3)
- Dans le désert de Paran, le peuple adressa d'amères plaintes à l'Éternel. Lorsqu'il l'entendit, il se mit en colère et déchaîna la foudre sur lui. Les israélites pleurèrent en disant: « Ah! Si seulement nous pouvions manger de la viande! Nous regrettons le poisson qu'on mangeait pour rien en Égypte! Et les concombres ! Et les melons! Et les poireaux ! Et les oignons ! Et l'ail! A présent, nous dépérissons. Nous sommes privés de tout, rien que de la manne, toujours la manne! » (Nombres 11:1, 5-6)
- Toute la communauté se souleva, se mit à pousser de grands cris, et le peuple passa toute la nuit à pleurer. Tous les Israélites critiquèrent Moïse et Aaron, et toute la communauté leur dit: « Si seulement nous étions morts en Égypte - ou du moins dans ce désert ! Pourquoi l'Éternel veut-il nous mener dans ce pays-là pour nous y faire massacrer par l'épée, tandis-que nos femmes et nos enfants deviendront la proie de nos ennemis ? Ne ferions-nous pas mieux de retourner en Égypte ? Et ils se dirent l'un à l'autre: «*Nommons-nous un chef, et retournons en Égypte* » (Nombres 14:1-4).
- A un moment le Seigneur fut exaspéré par toutes ces plaintes et insultes à son endroit. Le peuple méprisait la manne, l'appelant pain de misère. Un pain pourtant fabriqué depuis le ciel. Le Seigneur dit à Moïse : « Combien de temps encore vais-je laisser cette communauté rebelle se plaindre contre moi? Car j'ai bien entendu les plaintes incessantes des Israélites contre moi. Dis-leur : Aussi vrai que je suis vivant, parole de l'Éternel, je vous traiterai selon les plaintes que vous m'avez exprimées: Vos cadavres tomberont dans ce désert ! Vous tous qui avez été recensés, vous qui avez donc 20 ans et plus puisque vous vous êtes plaints contre moi, en aussi grand nombre que vous êtes, vous n'entrerez pas dans le pays où j'avais promis par serment de vous installer- excepté Caleb, fils de Yephounné, et Josué, fils de Noun. » (Nombres 14:27-30)

- Toute la communauté des Israélites se mit à se plaindre de Moïse et d'Aaron en disant: « Vous faites mourir le peuple de l'Éternel !...Aaron fit ce que Moïse lui avait dit: il prit l'encensoir et courut au milieu de l'Assemblée; le fléau avait effectivement déjà commencé à frapper le peuple. Il se plaça entre les morts et les vivants, et la mort cessa de frapper. Le nombre des victimes qui périrent de ce fléau s'éleva à 14700, sans parler de ceux qui avaient péri à cause de l'affaire de Qoré. » (Nombres 17:6, 12-14)
- Les Israélites quittèrent la montagne de Hor par la route de la mer des Roseaux pour contourner le pays d'Edom. En cours de route, le peuple se découragea. Ils se mirent à parler contre Dieu et contre Moïse en disant : « Pourquoi nous avez-vous fait sortir d'Égypte pour nous faire mourir dans le désert ? Car il n'y a ni pain ni eau, et nous sommes dégoûtés de cette nourriture de misère ! Alors l'Éternel envoya contre le peuple des serpents venimeux qui les mordirent, et il mourut beaucoup de gens d'Israël. » (Nombres 21:4-6)

Cetableau impressionnant parle par lui-même. Israël était vraiment un peuple plaintif. Parlant de telles personnes aujourd'hui dans l'église Jude dit: « Ces hommes-là sont d'éternels mécontents, toujours à se plaindre de leur sort, et entraînés par leurs mauvais désirs. Ils tiennent de grands discours et flattent les gens pour en tirer profit » (Jude 16).

Paul à son tour nous met en garde en ces termes: « Ne vous plaignez pas de votre sort, comme certains d'entre eux, qui tombèrent sous les coups de l'ange exterminateur. Tous ces événements leur sont arrivés pour nous servir d'exemples » (1Cor.10:10-11).

Quelle est ton attitude quand les choses ne se passent pas comme tu l'aurais voulu; Quand tout est bloqué et le ciel semble d'airain au-dessus de toi? Quelle est ta réaction lorsque tu as un besoin urgent et légitime que tu ne parviens pas combler?

Quelle est ton attitude quand les choses ne se passent pas comme tu l'aurais voulu; Quand tout est bloqué et le ciel semble d'airain au-dessus de toi? Quelle est ta réaction lorsque tu as un besoin *urgent* et légitime que tu ne parviens pas combler?

Imaginez que vous soyez réduit au strict minimum et que même celui-ci ne soit toujours pas à portée de main quand vous en avez besoin. Imaginez-vous ne sachant ni la provenance, ni comment vous parviendra votre prochain repas ? La plupart des hommes trouverait cette situation psychologiquement insoutenable. Pourtant c'est justement à ce point que Dieu voudrait que nous parvenions à le laisser gérer nos vies, en nous reposant calmement sur sa fidélité, loin de toute inquiétude et de toute plainte.

La Bible dit: « Faites tout sans murmures ni contestations afin d'être irréprochables et purs, des enfants de Dieu sans défaut au milieu d'une génération perverse et corrompue » (Phil.2:14).

Ce problème à lui seul a fait plus de victimes dans le désert que tous les autres problèmes réunis. Véritable fléau aujourd'hui encore dans l'église, les murmures et les plaintes proviennent du manque de contentement et du manque de patience. On veut tout ici et maintenant. Dieu nous semble lent dans l'exécution de ses promesses. Pour la plupart, nous sommes d'éternels insatisfaits. A peine avons-nous dit merci à Dieu pour une chose qu'on se plaint déjà pour une autre qui manque. En général, les célibataires se plaignent de n'être pas mariés; une fois mariés, leurs plaintes s'orientent vers leur conjoint ou leurs enfants; puis vers le fait de ne pas avoir assez d'argent. Ceux qui sont au *pays* veulent aller voir ailleurs ; ceux qui sont hors du pays se plaignent du *dehors qui est dur*. Ceux disposant d'un compte bancaire se plaignent de ce qu'il ne soit pas assez fourni, etc. Au fond, nous ne sommes pas si différents de nos pères dans le désert. La Bible dit que Dieu a consumé leurs jours par la vanité, et toutes leurs années n'ont été qu'angoisse. Quand Dieu les frappaient, ils se tournaient vers lui, ils revenaient et le cherchaient ardemment, se souvenant qu'il était leur rocher, que le Très-Haut était leur défenseur. Mais s'ils priaient, c'était pour le tromper: ils lui offraient des hommages menteurs, car leur cœur n'était pas droit envers lui (Ps. 78:33-37).

Un des signes de l'impatience et du manque de contentement c'est la colère.La Bible dit : « Si vous vous mettez en colère, ne péchez pas. Que le soleil ne se couche point sur votre colère et ne donnez pas accès au diable » (Eph.4: 26-27).

La colère est très souvent cause de violence, d'impulsivité et d'agression. Les personnes impatientes se mettent vite en colère. Elles oppressent facilement les autres pour obtenir au plus vite ce qu'elles veulent. Elles s'emportent facilement à des querelles et mots déplacés sans toutefois réfléchir. Rester plongé longtemps dans un état de colère est une porte ouverte à l'ennemi lui permettant de vous opprimer et de vous affliger. Du fait de la colère, des gens ont commis l'irréparable. Suite à un élan de colère, Moïse s'est vu rater son entrée dans la terre promise, à cause d'une faute lourde. Siméon et Lévi ont été maudits pour avoir tué des personnes à cause de la colère (Gen.49:7). Si le Seigneur nous permet de passer par des moments difficiles, c'est aussi dans le but de travailler notre caractère, notre tempérament fougueux, autoritaire et débridé qui manque de brisement. L'on est prêt à se mettre en colère pour n'avoir pas eu ce qu'on aurait souhaité au temps voulu. On est prêt à tout gâter lorsque les choses ne se déroulent pas comme prévues. Laissons le Seigneur nous aider à transcender cette colère qui bouillonne en nous et veut ruiner notre vie. Soumettons-nous humblement à sa discipline et nous serons délivrés. Nous entrerons à Canaan par sa grâce et le désert ne nous engloutira pas.

D'aucuns pensent que seul l'ancien testament tient en considération ces sujets et que Dieu ne traite plus les gens de la même façon aujourd'hui. Pourtant l'apôtre Paul nous parle d'un grand nombre d'infirmes, de malades et de morts du fait d'avoir pris la sainte cène (la communion) tout en vivant dans une situation irrégulière envers Dieu (1Cor.11:29-31). Malheureusement la plupart des pèlerins du Nouveau Testament ne considèrent même pas les murmures et les plaintes comme de sérieux problèmes. Ils sont pourtant de grands obstacles aux promesses de

Dieu pour notre vie. L'insatiabilité et l'amour des richesses agissent comme des épines, rendent infructueuse et sans effet la parole de Dieu dans nos vies (Mt.13:22).

La Bible dit: « Malheur à eux! Ils ont marché sur les traces de Caïn; par amour du gain, ils sont tombés dans la même erreur que Balaam... » (Jude11). Le sage dit dans le livre des proverbes: « Ne te tourmente pas pour t'enrichir, refuse même d'y penser! A peine as-tu fixé tes regards sur la fortune que déjà, elle s'est évanouie, car elle se fait des ailes et s'envole comme l'aigle en plein ciel » (Prov. 23:4-5). La piété ou le christianisme sans le contentement est un piège dans lequel sont déjà tombés des gens sans nombre. Cesse de te plaindre de Dieu et des autres quand tu rencontres des moments difficiles ou des épreuves amères. Lorsque Job a perdu sa santé et ses biens en plus de tous ses 10 enfants, c'était une pilule amère et très difficile à avaler; pourtant il n'a pas cédé aux plaintes de sa femme qui voulait qu'il maudisse Dieu.Il n'a pas pécher par ses lèvres. Au contraire il lui dit: « Tu parles comme une insensée. Quoi! Nous recevrions de Dieu le bonheur, et nous ne recevrions pas aussi le malheur » (Job 2:10)! Cesse de parler comme un(e) insensé(e) et d'attirer la colère de Dieu sur toi; cesse de donner à tes ennemis l'arme pour t'abattre et te priver d'entrer dans ta destinée. Apprends à te contenter de ta situation; apprends à attendre en silence le secours de l'Éternel et à rendre grâce à Dieu EN TOUTES CHOSES.

2. Le désert de Sin: le test de foi. Exode 16:3

Après les plaintes et les murmures, l'autre fléau le plus récurrent par lequel l'ennemi passe pour frustrer les enfants de Dieu est l'incrédulité ou le manque de foi. En plus de germer là où il n y'a ni patience ni contentement, les plaintes et les murmures se développent aussi facilement là où réside le manque de foi. Plaintes et murmures sont donc fortement liés à l'incrédulité. Et l'incrédulité produit à son tour le découragement. Car la foi et le courage vont toujours ensemble. « Le juste a de l'assurance comme un jeune lion » (Prov. 28:1).

La Bible dit: « Ils ont tenu des propos contre lui: Dieu peut-il dresser une table au désert ? C'est ainsi qu'il a frappé le rocher, l'eau a coulé, des torrents ont jailli. Pourrait-il aussi nous donner du pain ou procurer de la viande à son peuple? L'Éternel entendit et s'emporta, il alluma un feu contre Jacob, contre Israël éclata sa colère, car ils n'avaient pas fait confiance à Dieu, ils n'avaient pas compté sur son secours... Il frappa les plus vigoureux, abattant les jeunes gens d'Israël. Malgré cela, ils ont péché encore, ils n'ont pas eu foi, malgré ses miracles » (Ps. 78:19-22, 31-32).

L'apôtre Jude nous rappelle ces événements en ces termes: « Après Avoir délivré son peuple de l'esclavage en Égypte, le Seigneur a fait périr ceux qui avaient refusé de lui faire confiance » (c'est-à-dire les incrédules). Jude 5

Jésus n'a pas pu accomplir beaucoup de miracles dans la ville où il a grandi à cause de leur incrédulité. De même, le manque de foi bloque dans nos vies la pleine manifestation de la puissance de Dieu en vue de l'accomplissement de ses promesses. En fermant la porte au Seigneur, le manque de foi ouvre plutôt la porte à l'ennemi pour voler les promesses et les bénédictions de Dieu pour nos vies. Encore aujourd'hui, un grand nombre de personnes périssent dans le désert spirituel à cause de l'incrédulité.

Éternel dit à Moïse : « Combien de temps ce peuple me méprisera-t-il encore ? Quand cessera-t-il de me refuser sa confiance, alors que j'ai produit au milieu d'eux tant de manifestations extraordinaires ? Je vais le frapper de la peste pour l'exterminer... » (Nombres 14:11-12)

Dieu vous fait souffrir la faim et le manque pour vous apprendre à compter sur Lui pour vivre; C'est cela le test de foi.

Beaucoup de gens ne sauraient même pas qu'il y a un Dieu qui s'occupe d'eux s'ils ne l'avaient pas vu à l'œuvre dans les moments critiques de leur vie. Ces moments où nos propres moyens font défaut et où nos limites nous narguent en face. Si nous avions toujours tout ce qu'il nous faut à tout moment, nous pourrions vite devenir inconscients de Dieu et de sa présence dans nos vies. Dieu veut nous apprendre à compter sur Lui; nous apprendre à regarder dans l'invisible. Sa Parole nous suffit et nous n'avons pas toujours besoin de voir ce sur quoi nous nous appuyons: C'est l'école de la foi. Comme il l'a fait avec l'apôtre Pierre, juste en nous appuyant sur sa parole, nous pouvons pêcher de grands poissons et faire d'abondantes moissons là où la science, ou notre propre expérience ne prévoyaient rien. Un autre but du désert est de nous faire souffrir le manque afin de nous apprendre que l'homme ne vit pas de pain seulement, mais de toute parole qui sort de la bouche de Dieu. Ainsi, tous ceux qui veulent voir ou sentir avant de croire sont éliminés au désert. En effet, pour entrer à Canaan, il faut des gens qui ont appris à faire confiance à Dieu, même lorsque la logique humaine ou la science nous prouvent que tout est perdu. La Bible dit : « Le juste vivra par la foi » (Habacuc 2:4; Hébreux 10:38). Il faut des gens qui vivent par la foi et non par la vue ou les sentiments. Vivre par la foi, c'est vivre en comptant ou en s'appuyant sur ce que Dieu dit. Lorsque Gédéon devait aller en guerre, le premier test qui a disqualifié 22.000 soldats sur les 32.000 présents était la peur. La peur et la foi ne marchent jamais ensemble. Dieu veut que tu t'appuies sur Lui, que tu regardes à Lui au lieu de te laisser paralyser par la peur qui n'est rien d'autre que la preuve que tu regardes plutôt aux circonstances. 4 fois dans un seul chapitre, il dit à Josué : « Ne crains pas; fortifie-toi et prend courage » (Josué1:6, 7, 9, 18). La terre promise est pleine de géants et d'obstacles à couper le souffle. À moins de faire pleinement confiance au Seigneur, nous n'y entrerons jamais. Aucun peureux ne peut y entrer. Peut-être Dieu t'a montré à plusieurs reprises que tu dois faire quelque chose que tu trouves très risqué. Pierre a marché

> ***Dieu vous fait souffrir la faim et le manque pour vous apprendre à compter sur Lui pour vivre; C'est cela le test de foi.***

sur les eaux parce que le Seigneur le lui avait ordonné, mais il ne pouvait y rester que tant qu'il avait les yeux fixés sur Jésus, signe de sa foi en lui. Dès que ses yeux ont quitté le Seigneur pour fixer les vagues tumultueuses, il s'est enfoncé.

Parfois, les eaux tumultueuses qui sont là pour tester notre foi, prennent la forme des rapports ou des conseils des hommes charnels et incrédules. Les paroles des autres ont parfois une grande influence sur nous, surtout si ces gens sont très proches de nous ou s'ils sont parmi ceux que nous respectons le plus.

Dieu avait dit à Israël de monter prendre possession du pays promis; 10 espions sur 12 ont trouvé que c'était impossible et ont contaminé tout le peuple par leur rapport décourageant. Nous devons nous méfier de ceux que nous écoutons et des informations que nous recevons au sujet de la vision que Dieu nous a donnée.

Lorsque Dieu a engagé David à combattre Goliath, ce sont ses propres frères qui ont été les premiers obstacles auxquels il devait faire face. Ils l'ont traité de prétentieux, d'orgueilleux et de malicieux. Ensuite Saül, le chef de l'armée, lui a rappelé qu'il n'était qu'un enfant et que Goliath était guerrier depuis sa jeunesse. Enfin, Goliath, le géant lui-même, a promis à David de livrer sa chair aux oiseaux du ciel et aux bêtes des champs (1Sam.17:26-44). Pourtant, au milieu de toute cette adversité et ces intimidations humaines, David est resté focalisé sur la vision divine de terrasser Goliath sans se laisser abattre par toutes ces paroles décourageantes. Dans le désert, Dieu nous enseigne non seulement à obéir, mais aussi à fixer les regards sur lui quoiqu'il arrive. « Sans la foi, il est impossible de lui plaire » (Hébreux 11:6). Tant que tu ne le feras pas, tu resteras sur place et ta marche avec Dieu s'arrêtera certainement dans le désert.

Dans son livre *Whobrought the word, 1963,* Cameron Townsend raconte comment lorsqu'il a reçu du Seigneur la vision de traduire la Bible en langues locales parmi les Amérindiens d'Amérique centrale, un vieux missionnaire expérimenté lui a dit qu'il n'y arriverait jamais. Il considérait en effet les énormes obstacles qui rendaient une telle mission impossible. Mais M. Townsend a tenu bon, avec les yeux focalisés sur la vision que Dieu avait mise dans son cœur. 50 ans après, il était devenu le fondateur de la *Wycliffe Bible translators* avec plus de 4000 ouvriers travaillant dans des dizaines de pays au monde. La vision de Dieu dans ta vie ne manquera jamais d'obstacles qui peuvent être spirituels, psychologiques ou physiques. Les doutes intérieurs et les luttes du dehors devront être conquis par la foi pour réussir dans l'accomplissement du plan de Dieu.

Lorsque le Seigneur m'a appelé à son service, il m'a singulièrement parlé de la marche par la foi. Je devais m'attendre à Lui pour tout et en toute chose. Mais après 5 ans, mon cœur s'est endurci et j'ai commencé à réclamer un salaire fixe et régulier à Dieu. Après beaucoup d'insistance dans la prière, il m'a envoyé 4 personnes qui m'ont fait chacune une promesse pour un montant précis qu'ils devaient me donner chaque mois. J'étais content, mais ma joie s'est vite changée en amertume, parce que je n'arrivais plus à penser au-delà de ce fameux *salaire* qui s'élevait malheureusement seulement à $100 chaque mois. Je me suis rendu compte que j'avais enfermé ma foi dans un *salaire* et que je réalisais de moins en moins de choses, parce-que mes yeux avaient quitté le Seigneur pour se fixer sur un montant d'argent à recevoir chaque mois. Je n'arrivais plus à faire ce que Dieu mettait dans mon cœur, parce qu'il n'y avait pas d'argent pour le faire. Lorsque je me suis repenti de cette attitude, ces gens se sont retirés d'eux- mêmes l'un après l'autre. Le Seigneur m'a restauré et je me retrouvais certains mois avec des dépenses de $1000 sans contrôler ou maîtriser la source qui en fait était Dieu lui-même. Aujourd'hui, après 18ans à son service, avec 4 enfants et toujours sans salaire fixe, le même principe continue et le Seigneur s'occupe de nous de la même manière. Je ne sais presque jamais ni d'où, ni comment me viendra mon prochain argent, pourtant je n'ai pas contracté une seule dette depuis plusieurs années.

Sa Parole n'eut point d'effet dans leur vie parce qu'elle ne trouva point de foi en eux (Heb.4:2); et ils ne purent entrer dans la terre promise à cause de leur incrédulité (Heb.3:19). C'est par la foi et la persévérance qu'on hérite des promesses du Seigneur (Heb.6:12).

Sa Parole n'eut point d'effet dans leur vie parce qu'elle ne trouva point de foi en eux (Heb.4:2); et ils ne purent entrer dans la terre promise à cause de leur incrédulité (Heb.3:19). C'est par la foi et la persévérance qu'on hérite des promesses du Seigneur (Heb.6:12).

3. **Le désert de Rephidim:Répétition de test et leçons sur le combat spirituel. Exode 17:1-3**

- **Répétition de test.**

A Rephidim, le peuple fit de nouveau face à un test par lequel il était déjà passé: Le manque d'eau et la soif. Malheureusement, ils réagirent encore cette fois de la même manière qu'à la précédente. Ils se plaignirent et murmurèrent.

Notre Seigneur est un pédagogue; raison pour laquelle il répète ses leçons et ses tests à notre endroit. Il tient à notre réussite. Il est difficile pour Dieu de rejeter un individu sans l'avoirmaintes fois averti. Au sujet d'Israël, il dit: « A longueur de journée, j'ai tendu les mains vers un peuple désobéissant et rebelle » (Rom.10:21).

Voici un commentaire sur la fin de la vie de Sédécias, le dernier roi de Juda.

« Sédécias avait 21 ans à son avènement. Il régna 11 ans à Jérusalem. Il fit ce que l'Éternel considère comme mal et il refusa de s'humilier devant le prophète Jérémie qui s'adressait à lui de la part de l'Éternel. De plus, il se révolta contre Nabuchodonosor qui lui avait fait prêter un serment de loyauté au nom de Dieu. Au lieu de revenir à l'Éternel, le Dieu d'Israël, il s'obstina dans sa révolte contre lui et lui ferma son cœur. De même, tous les chefs des prêtres et le peuple multiplièrent les pires infidélités en se livrant aux mêmes pratiques abominables que les nations païennes. Ils profanèrent le temple de l'Éternel dont il avait fait un lieu saint à

Jérusalem. L'Éternel le Dieu de leurs ancêtres, leur avait adressé **très tôt et à maintes reprises des avertissements par l'intermédiaire de ses messagers, car il aurait voulu épargner son peuple et le lieu de sa résidence.** Mais les Israélites méprisaient les envoyés de Dieu, ils faisaient fi de ses paroles et tournaient ses prophètes en ridicule, jusqu'à ce que la colère de l'Éternel contre son peuple eut atteint le point de non-retour. Alors l'Éternel fit venir contre eux le roi des chaldéens qui massacra leurs jeunes gens jusque dans leur sanctuaire. Il n'épargna personne : jeune homme, jeune fille, vieillard, personne âgée : Dieu lui livra tout... » (2Chr.36:11-17).

Si vous entendez sa voix, n'endurcissez plus vos cœurs. Sa patience n'est pas de la faiblesse. Il veut vous conduire dans votre destinée. Mais vous devez coopérer en vous laissant conduire. Si par contre vous vous montrez obstiné et endurci, vous finirez par être avalé par le désert ou par vos ennemis qui attendent seulement que Dieu vous abandonne pour vous massacrer.

- **Leçons du combat spirituel**

« ...Lorsque Moïse élevait la main pour prier, Israël avait l'avantage (le dessus) dans la bataille, lorsqu'il la laissait retomber, Amalec l'emportait. Comme les bras de Moïse se fatiguaient, Aaron et Hour prirent une pierre qu'ils placèrent sous lui pour le faire asseoir dessus, et ils lui soutinrent les bras, chacun d'un côté ; ainsi ses bras tinrent fermes jusqu'au coucher du soleil, Josué remporta la victoire sur les Amalécites à la pointe de l'épée » (Exode 17:11-13).

C'est à Rephidim que ce peuple livra son premier combat. Rappelons-nous que ce fût pourtant pour leur éviter la guerre que l'Éternel leur fit prendre ce chemin au départ de l'Égypte (Exode 13:17-18). Il semble donc que pour Dieu le peuple était déjà prêt à affronter l'ennemi.

Le Seigneur est le pédagogue qui ne permet pas que l'on soit tenté au-delà de nos forces. Il est celui qui jauge la force ennemie avant de la laisser venir à nous. Il ne permettrait de bataille que lorsqu'il nous saurait capable d'avoir la victoire; le contraire (défaite) n'arriverait que s'il a décidé de vous châtier. La défaite du chrétien dans la bataille est soit causée par l'abandon de Dieu (cause au péché), soit par l'ignorance des lois spirituelles. Le Seigneur ne dit-t-il pas que son peuple périt parce qu'il lui manque la connaissance (Osée 4:6) ?

Une autre leçon à tirer de l'attaque d'Israël par les Amalécites dans le désert de Rephidimest le fait que Dieu veut que nous apprenions à faire la guerre. Il est écrit : « Voici quelles nations l'Éternel laissa subsister pour mettre à l'épreuve les Israélites qui n'avaient pas participé aux guerres pour la conquête de Canaan. Il voulait que les nouvelles générations d'Israélites, qui n'avaient pas connu la guerre, apprennent ce qu'est la guerre » (Juges 3:1-2).

Dieu veut nous former à la guerre étant dans le désert. Le désir de l'ennemi est de ne pas nous voir accéder à Canaan ou entrer en possession des promesses du Seigneur. La Bible déclare que depuis le temps de Jean Baptiste, le Royaume de Dieu est forcé et seuls les violents s'en emparent (Mt. 11:12). Entrer en possession de son héritage ne se fera jamais de main molle. Vous devez combattre spirituellement avec intensité pour posséder les promesses de Dieu pour votre vie.

Nous apprenons aussi par ce combat entre Israël et Amalec que le monde physique dépend du monde spirituel et donc la victoire physique dépend de la victoire spirituelle. Si l'on perd la bataille de sa destinée sur le plan spirituel, on la perd aussi physiquement quels que soient les efforts, les techniques ou les connaissances déployés pour la gagner. Josué combattait Amalec physiquement dans la vallée tandis-que Moïse le combattait spirituellement sur la montagne. Le spirituel et le physique ne s'excluent pas, mais se complètent. Si Josué n'avait rien fait, il n'aurait pas pu battre Amalec, malgré les prières de Moïse. Nous devons prier pour entrer dans notre destinée ; cependant, associons le travail physique sans quoi il nous serait difficile d'y parvenir. Par exemple : celui qui prie seulement pour réussir à un examen sans s'atteler aussi à étudier ses leçons, cherche la magie et non le Seigneur.

Enfin, Moïse a eu besoin d'aide parce que ses mains étaient affaiblies, à force d'être élevées vers Dieu. Le combat spirituel ou la prière peut devenir très intense au point de nous épuiser. Parfois la prière devrait être aussi intense qu'un accouchement pour que certaines choses se réalisent concrètement. L'apôtre Paul, pour désigner ce genre de prière, parle de soupirs ou gémissements inexprimables (Rom. 8:26). A Gethsémané, le Christ pria si intensément qu'il transpira du sang. Bien que cela eût d'avance été annoncé par le prophète Jérémie, Daniel dut prier 3 semaines pour que s'accomplisse la libération du peuple Juif de Babylone. Ezéchiel se coucha 390 jours sur son côté gauche et 40 jours sur le côté droit pour porter les péchés d'Israël et de Juda ; le tout dans un jeûne où il devait manger 220g de galettes d'orge cuite sur un feu alimenté à base de bouse de vache, et s'abreuver d'un litre d'eau par jour. Dans la chambre haute les disciples prièrent 10 jours sans rien faire d'autre, attendant la survenue du Saint-Esprit. L'apôtre Paul parle particulièrement de l'intercession d'Epaphras en ces termes: « En serviteur de Jésus-Christ, il combat sans cesse pour vous dans ses prières, pour que vous teniez bon, comme des adultes dans la foi, prêts à accomplir pleinement la volonté de Dieu. Je lui rends ce témoignage: il se dépense beaucoup pour vous... » (Col. 4:12-13). William Seymour pria au moins cinq heures par jour pendant cinq ans pour voir arriver le réveil pentecôtiste et missionnaire qui débuta en 1906 (Denzil R. Miller, *D'Azusa à l'Afrique, Et de l'Afrique aux nations, P.21).* Et que dirions-nous de la prière ininterrompue des Moraves, initiée par Zinzendorf, qui dura 100 ans (1732-1832), 7jours sur 7 et 24h sur 24, et qui contribua à déclencher les missions modernes à la fin du 18ème siècle. Le temps nous manquerait pour parler de John Knox (réformateur écossais du 16ème siècle), Jonathan Edwards (évangéliste et revivaliste américain du 18ème siècle), David Brainerd (missionnaire parmi les cannibales amérindiens), Charles G.Finney (revivaliste américain du 19èmesiècle),

D.L. Moody (évangéliste et revivaliste américain du 19ème siècle) Charles Spurgeon (prédicateur et revivaliste anglais du 19ème siècle), Georges Muller de Bristol (promoteur d'orphelinats et évangéliste anglais), Rees Howells (auteur du livre, *sur la brèche,* qui combattit Hitler par la prière pendant le 2^{ème}guerre mondiale), etc. Tous ces héros ont comme Moïse, changé le cours de l'histoire de plusieurs peuples par leurs prières d'abord et ensuite leur vie.

Ainsi l'histoire nous enseigne que la prière n'est pas pour les paresseux ; elle n'est non plus facultative ou secondaire ; tout au contraire, elle est indispensable à toutes les grandes réalisations qui transcendent le temps et dépassent l'entendement de l'homme. Seriez-vous de ceux qui peuvent prier de manière consistante pendant 3h, 3 jours, 3 mois voire 3 ans, ... jusqu'à ce que s'accomplisse les promesses de Dieu pour vous?

Si vous tenez à accomplir votre destinée en Christ, vous devez apprendre à faire des veillées, des neuvaines, des retraites de prière, des prières avec jeûne, etc., contre les forces du mal et toutes les formes de résistances qui s'opposent à ce queDieu a prévu pour votre vie. Les prières consistantes, insistantes et parfois même agressives sont nécessaires pour certains grands accomplissements. Au besoin, laissez-vous soutenir par d'autres comme l'a fait Moïse. Vous devez absolument réaliser votre destinée. Aucun prix ne devrait être trop grand à payer pour cela.

4. Le désert de Sinaï :Le test d'humilité et de consécration. Exode 19:6

C'est le désert le plus long. Pendant près d'un an sur place, le peuple de Dieu reçut de grandes promesses, des instructions et des révélations parfois spectaculaires sur la personne de Dieu et ses voies. Le but de Dieu était d'amener son peuple à s'attacher singulièrement à lui. Voilà pourquoi ce fut à cet endroit que l'Éternel fit alliance avec son peuple. Plus nous recevons des révélations de la part du Seigneur, Plus il devient exigeant. C'est Peut-être l'une des raisons pour lesquelles Dieu a tant frappé Israël dans le désert. Quel sort pour nous qui vivons la fin des temps disposant à la fois de la Bible et des volumes d'histoires du passé et du présent, qui rendent témoignage de la bonté, de la fidélité et la grandeur de notre Dieu ?

Une marque distinctive de la plupart des gens à qui Dieu s'est véritablement révélé, c'est leur humilité et leur consécration. Jésus dit qu'il est doux et humble de cœur (Mt.11:29). Moïse était l'homme le plus humble de la terre (Nombres12:3). Aucun orgueilleux ne peut être proche de Dieu, car Dieu résiste aux orgueilleux (1Pierre 5:5).

Voici quelques signes révélateurs de l'orgueil qui peut être caché en vous (tiré du manuel de formation des *ministères du bon Samaritain Niveau1, P.25*):

- Se sentir meilleur que les autres.
- Se sentir menacer lorsqu'on nous demande de servir.
- Etre prompt à juger les autres (les classer, les condamner).

- Envier les bénédictions des autres.
- S'arroger le mérite de ce que Dieu fait par nous.
- Avoir peur du qu'en dira-t-on.
- Retenir au lieu de donner lorsque nous devons donner.
- Ne pas être enseignable: Se défendre et attaquer toute personne qui essaie de nous corriger.
- Ne pas admettre ses erreurs.
- Ne pas accepter l'aide ou les dons des autres.
- Avoir un humour sarcastique (Prendre plaisir à se moquer des autres).
- Avoir un esprit indépendant (Ne pas supporter la subordination ou les ordres).
- Manquer de tendresse et de brisement.
- Pardonner difficilement.
- Penser être dans la meilleure organisation, en être fier et se sentir mis à part.
- Devenir amère lorsqu'on est blessé(e).
- Se comparer aux autres.
- Forcer ses convictions personnelles sur les autres.
- Changer la paille en poutre chez les autres (agrandir ou magnifier leur défaut, leur lacune ou leur faute).
- Ne pas supporter qu'on ait connaissance de nos limites.

Dieu brise vos forces propres pour vous enseigner à lui donner toute la gloire pour vos exploits: C'est le test d'humilité

Dieu brise vos forces propres pour vous enseigner à lui donner toute la gloire pour vos exploits: C'est le test d'humilité. 3 fois dans Deutéronome 8, Dieu parle d'humilier ses enfants.

Verset 2: « Souviens-toi de tout le chemin que l'Éternel, ton Dieu, t'a fait faire pendant ces 40 années dans le désert, afin de t'humilier et de t'éprouver... »

Verset 3: « Il t'a humilié, il t'a fait souffrir la faim... »

Verset 16: « Il t'a fait manger dans le désert la manne inconnue à tes pères, afin de l'humilier et de t'éprouver, pour te faire ensuite du bien. »

A Canaan Dieu a prévu pour nous des richesses de toutes sortes. Mais il veut rester le centre et le maître de tout même lorsque nous en jouirons. Il dit : « Garde toi de dire en ton cœur: Ma force et la puissance de ma main m'ont acquis ces richesses » (Deutéronome 8:17). Nous avons besoin d'humilité pour remettre toute la gloire à Dieu du fonds de notre cœur, même lorsque nous sommes loués, craints et appréciés de tous.Il ne faudrait pas que le leader de demain que vous serez soit enflé d'orgueil et tombe sous les coups du diable (1Timothée3:6). Or c'est dans le désert qu'il faut résoudre ce problème.

Jusqu'où seriez-vous capable de servir librement les autres, surtout ceux que vous pensez être inférieurs à vous? Jusqu'où seriez-vous capable de vous soumettre librement aux autres? La Bible dit que « Dieu nous a bénis de toutes sortes de bénédictions spirituelles dans les lieux célestes en Christ. » Notez bien, ces bénédictions sont dans les lieux célestes. Pour les manifester sur la terre sans danger, il nous faudrait tout d'abord mourir au moi, à notre orgueil personnel.

Dans le désert Dieu cherche à *tuer le moi*; le *m'as-tu vu?* Albert Einstein disait que la véritable grandeur c'est d'être délivré de son petit moi. En cela, il était pleinement en accord avec la Parole de Dieu. Dans le même sens l'évangéliste américain du 19ème siècle D.L.Moody disait que « quand Dieu veut déplacer une montagne, ce n'est pas d'une barre de fer qu'il se sert, mais d'un vermisseau. ***Le fait est que nous sommes trop forts...***Quand Dieu a fait sortir Israël de l'Égypte, il n'a pas envoyé une armée comme nous l'aurions jugé nécessaire, mais plutôt un homme âgé de 40 ans vivant au désert ayant la langue embarrassée. C'est de faiblesse dont Dieu a besoin » (D. L. Moody, *pêcheurs d'hommes*). Souvenons-nous que ce même Moïse avait essayé de délivrer Israël 40 ans plus tôt par ses propres forces. La défaite avait alors été cuisante et catastrophique. Pourtant son appel était réel et authentique. S'il avait réussi à ce moment-là, il est presque certain qu'il aurait eu du mal à se confier entièrement au Seigneur pour conduire son peuple vers la terre promise. Tant que tu seras fort, ou te croiras fort de toi-même, alors tu ne seras pas prêt pour l'entrée à Canaan. Tant que tu ne réalises pas et n'est pleinement convaincu que sans Dieu tu ne peux absolument rien faire qui ait une valeur spirituelle, tu ne seras pas qualifié à jouir entièrement de l'héritage qui t'appartient en Christ. A ce niveau, notre prière à tous devrait être : « O Dieu, aide-moi à mourir le plus rapidement possible à moi-même, pour que je sois qualifié à entrer au plus tôt dans tes promesses pour ma vie. Amen »

Dans son message sur *Le secret du leadership* (page11), le Dr Donald R. Howard, fondateur et président de *School of tomorrow* (*l'école de demain*) parle d'une expérience saisissante qu'ils ont eue avec un jeune homme en quête d'emploi. Lorsque ce dernier s'est présenté la première fois, il leur a dit qu'il voulait être *manager* parce qu'il savait ce dont il était capable. N'ayant pas pu être manager sur-le-champ, il est parti de l'entreprise. Il est revenu 5 ans plus tard et semblait mieux disposé à faire ce qu'on lui proposerait comme travail. Mais seulement quelque temps après, il recommença à réclamer le poste de manager comme en étant obsédé. Cette fois-là, il fut licencié parce qu'il n'y avait pas de poste de manager disponible pour lui. 5 ou 6 ans plus tard, il revint et put tenir cette fois là. Puis, il émergea et devint un grand leader. Avec Dieu il n'y a pas de raccourci! Pour monter, il faut d'abord descendre. La Bible dit qu'Elisée versait l'eau dans les mains d'Elie (1Rois 3:11). Daniel Colenda, l'actuel président de « *Christ for All Nations* » (*Christ pour toutes les Nations*) a été pendant au moins 10 ans une sorte de « *garçon de course* » pour Reinhard Bonnke, le fondateur de ce ministère. L'humilité précède la gloire (Prov.15:33).

La consécration et l'humilité vont ensemble.

Être consacré à Dieu c'est être mis à part pour lui, réservé à lui seul. Tel est l'état d'esprit dans lequel Dieu veut que tous ses enfants soient. Que personne ne vive plus pour lui-même, mais que tous vivent pour celui qui est mort et ressuscité pour eux (2Cor.5:15).

Toutes les lois données au Sinaï avaient pour objectif de séparer le peuple d'Israël des autres peuples du monde. Leurs croyances et leurs pratiques devaient être complètement différentes de celles de tous ces peuples méchants et idolâtres. Leur campagne d'*évangélisation* devait commencer par leur manière de vivre avant toute parole. Ils devaient être un peuple saint pour l'Éternel et ne devait pas se mélanger aux autres. Ceci en prélude à ce qu'ils devaient faire une fois à Canaan, le pays promis.

Le Seigneur dit: « Vous démolirez leurs autels, vous briserez leurs statues, vous abattrez leurs pieux sacrés et vous brûlerez leurs idoles sculptées...Vous supprimerez tous les peuples que l'Éternel votre Dieu livrera en votre pouvoir, sans avoir de pitié pour eux ; vous ne rendrez pas de culte à leurs dieux : ce serait un piège pour vous » (Dt. 7:5, 16).

Aujourd'hui, le manque de consécration et l'indulgence du peuple de Dieu envers les habitudes et coutumes païennes ont causé la perte de milliers de gens parmi les soldats du Christ. Certains chrétiens continuent par exemple à donner des noms qui viennent de leur tradition païenne à leurs enfants. D'autres font des rites dont ils ne comprennent rien du tout lors des cérémonies de mariage coutumier ou des funérailles en Afrique. En occident ou en Asie, parfois certains ne trouvent aucun problème à adhérer à la société secrète à laquelle appartiennent leurs parents. Dieu dit: « Vous serez saints, car je suis saint » (1Pierre 1:16). La sainteté c'est être mis à part pour Dieu ou être consacré à Dieu. Daniel a refusé les mets *délicieux* de la table du roi de Babylone, sans doute pour ne pas se souiller (Dan.1:8).

L'ennemi utilise votre manque de consécration à travers les impuretés de vos traditions et vos implications dans les souillures du monde pour vous attaquer et vous empêcher d'entrer dans les promesses de Dieu pour votre vie. Jésus dit: « Si quelqu'un veut me suivre, qu'il renonce à lui-même, qu'il se charge chaque jour de sa croix, alors il sera mon disciple » (Matthieu 16:24). Il est plus difficile de gérer la gloire de Dieu que l'échec et la frustration. Il est tellement plus facile d'oublier Dieu au milieu de la gloire que de l'oublier lorsqu'on est en difficulté. La Parole de Dieu est généralement mieux accueillie là où il y a la souffrance, la peine : dans des prisons, des hôpitaux, au cours des recueillements pendant des moments de deuils. Pourtant c'est souvent le contraire dans les fêtes et les moments de grands succès. Dieu sachant cela, veut nous épargner ce piège en nous formant dans le désert à le reconnaître dans toutes nos voies, de sorte que nous ne nous détournions pas de LUI au jour de grands succès.

Il est plus difficile de gérer la gloire de Dieu que l'échec et la frustration. Il est tellement plus facile d'oublier Dieu au milieu de la gloire que de l'oublier lorsqu'on est en difficulté.

Le péché de l'indépendance envers Dieu

Une des grandes ramifications de l'orgueil ou du manque d'humilité que Dieu veut traiter dans le désert est le fait de ne pas dépendre de Lui en toute chose, surtout aux moments des prises de décisions importantes. C'est le péché d'indépendance envers Dieu. Il sait qu'il a de grandes bénédictions qu'il a réservées pour nous à Canaan. Mais il doit se rassurer que nous continuerons à dépendre de lui dans l'abondance. L'histoire des Juges est instructive à ce sujet. La Bible dit: « Les enfants d'Israël firent alors ce qui déplait à l'Éternel, et ils servirent les Baals. Ils abandonnèrent l'Éternel, le Dieu de leurs pères, qui les avait fait sortir du pays d'Égypte, et ils allèrent après d'autres dieux des peuples qui les entouraient ; ils se prosternèrent devant eux et ils irritèrent l'Éternel... La colère de l'Éternel s'enflamma contre Israël. Il les livra entre les mains des pillards qui les pillèrent, il les vendit entre les mains de leurs ennemis d'alentour, et ils ne purent plus résister à leurs ennemis. Partout où ils allaient, la main de l'Éternel était contre eux pour leur faire du mal, comme l'Éternel l'avait dit. Ils furent ainsi dans une grande détresse. L'Éternel leur suscita des juges, afin qu'ils les délivrassent de la main de ceux qui les pillaient... Lorsque l'Éternel leur suscitait des juges, l'Éternel était avec le juge, et il les délivrait de la main de leurs ennemis pendant toute la vie du juge; car l'Éternel avait pitié de leurs gémissements contre ceux qui les opprimaient et les tourmentaient. Mais à la mort du juge, ils se corrompaient de nouveau plus que leurs pères, en allant après d'autres dieux pour les servir et se prosterner devant eux, et ils persévéraient dans la même conduite et le même endurcissement » (Juges 2:11-19)

Nous pouvons résumer cette histoire d'Israël du temps des Juges par ce schéma:

Péché--- Colère de Dieu ---- Souffrances ------ « Juge » ----- Repentance ----- Bénédictions de Dieu ---- Abondance ----- Péché.... Et cela dura ainsi 400 ans, jusqu'aux temps des rois.

C'est une sorte de cercle vicieux dans lequel après l'abondance, la chose évidente qui s'en suit est toujours le péché. Peu de gens servent vraiment Dieu dans l'abondance. Mais l'apôtre Paul disait: « Je sais vivre dans l'humiliation et je sais vivre dans l'abondance. En tout et partout j'ai appris à être rassasié et à avoir faim, à être dans l'abondance et à être dans la disette » (Philippiens 4: 12).

Beaucoup de gens ne savent pas vivre dans l'abondance comme Paul. Une fois sorti du pétrin, ils oublient leur sauveur.

Beaucoup de gens ne savent pas vivre dans l'abondance comme Paul. Une fois sorti du pétrin, ils oublient leur sauveur. C'est aussi le cas de l'Europe aujourd'hui. Après les 2 guerres mondiales, les gens étaient pauvres et malheureux. On priait beaucoup un peu partout. Vers les années 1960 et 1970, plusieurs campagnes d'évangélisation en Europe et aux États-Unis ont connu un essor qu'on ne voit aujourd'hui que pendant les grandes rencontres de football : stades pleins à craquer où les gens sortaient par milliers parfois en pleurant pour répondre à l'appel à la conversion. Moments où les gens de tous âges se rendaient en masse dans les lieux de culte les dimanches. Il est difficile d'admettre aujourd'hui que l'Angleterre ait organisé à 2 reprises une journée nationale de prière lors de la 2nde guerre mondiale. Pourtant c'est bien ce qui s'est passé. Après ces années d'intenses prières et de repentance, Dieu a béni l'Europe. Il a multiplié les savoirs, fructifier le travail de leurs mains. Cependant au lieu de se souvenir de leur sauveur, juste comme Israël autrefois, ils l'ont abandonné, se sont tournés vers les dieux de l'homosexualité, de la criminalité à outrance, des rituels sataniques de la rose croix et de la franc-maçonnerie pour dominer le monde. Ceci n'est qu'une vue de l'histoire récente de l'Europe ; mais elle n'a guère vraiment changé quand on regarde des siècles en arrière. Très souvent, les gens cherchent Dieu quand ils font face à des problèmes, mais Dieu veut plus que cela. Il veut que vous l'adoriez et restiez à ses pieds même quand tout va bien. Vous avez été créé pour dépendre de Lui, indépendamment de votre situation. C'est une des leçons principales qu'il cherche à nous enseigner en nous faisant passer par le désert.

> ***Très souvent, les gens cherchent Dieu quand ils font face à des problèmes, mais Dieu veut plus que cela. Il veut que vous l'adoriez et restiez à ses pieds même quand tout va bien.***

5. Le désert de Paran:le test de l'obéissance. Nombres 11:4-5

C'est à partir du désert de Paran que le Seigneur a ordonné l'exploration du pays promis. Si Israël avait été soumis et obéissant au Seigneur, il serait entré à Canaan à ce moment-là; soit 2 ans à peine après leur sortie d'Égypte. Mais la réaction de la plupart de ceux qui constituaient le peuple après l'exploration fut une rébellion claire et ouverte aux instructions divines. Ils dirent: « Si seulement nous étions morts en Égypte ou du moins dans ce désert ! Pourquoi l'Éternel veut-t-il nous mener dans ce pays-là pour nous y faire massacrer par l'épée, tandis-que nos femmes et nos enfants deviendront la proie de nos ennemis ? Ne ferions-nous pas mieux de retourner en Égypte ?Et ils se dirent l'un à l'autre: Nommons-nous un chef, et **retournons en Égypte** » (Nombres 14:2-4).

Dieu considère la rébellion et la désobéissance aussi coupables que la sorcellerie et l'idolâtrie; c'est pourquoi il rejette tous ceux qui rejettent ses ordres (1Samuel 15:23).

Le désert est une école de formation dans laquelle Dieu conduit ses enfants pour les purifier et les émonder. C'était et cela demeure une préparation pour le règne avec Lui dès maintenant sur la terre. Nul ne peut véritablement dominer sur la terre en s'écartant de la parole de Dieu.Dans Deutéronome 8: 2-5, il est écrit : « N'oublie jamais tout le chemin que l'Éternel ton Dieu t'a fait parcourir pendant ces 40 ans dans le désert afin de te faire connaître la pauvreté pour t'éprouver. Il a agi ainsi pour découvrir tes véritables dispositions intérieures et savoir si tu allais, ou non, obéir à ses commandements. Oui, il t'a fait connaître la pauvreté et la faim, et il t'a nourri avec cette manne que tu ne connaissais pas et que tes ancêtres n'avaient pas connue. De cette manière, il voulait t'apprendre que l'homme ne vit pas seulement de pain, mais aussi de toute parole prononcée par l'Éternel. Le vêtement que tu portais ne s'est pas usé sur toi et tes pieds ne se sont pas enflés pendant ces 40 ans. Ainsi, en y réfléchissant, tu reconnaîtras que l'Éternel ton Dieu fait ton éducation comme un père éduque son enfant » (version Semeur).

Le désert est une initiative de Dieu dans la vie de ses enfants. Même le Seigneur Jésus est passé par le désert. Dans Matthieu 4:1, nous lisons: « Alors l'Esprit Saint conduisit Jésus dans le désert pour qu'il y soit tenté par le diable. »

A travers le désert, le Seigneur nous humilie et nous éprouve pour savoir si nous garderons ses commandements malgré toutes les difficultés. Ainsi, ceux qui n'observent ses commandements que lorsque tout va bien sont disqualifiés dans le désert. Leur amour pour Dieu est conditionné par le fait que Dieu fasse ce qui les arrange; sinon ils l'abandonnent. Ces gens ne jouiront jamais pleinement de toutes les bénédictions que le Seigneur a prévues pour eux dès la fondation du monde, puisqu'ils ne sont pas tous entiers à Lui quoiqu'il arrive.

La Bible dit que Dieu s'est retiré du roi Ezéchias pour le mettre à l'épreuve et voir ce qui était réellement au fond de son cœur (2Chroniques 32:31). Dans le désert, Dieu sonde nos cœurs par tous les moyens pour voir si nous sommes prêts à tout pour Lui. C'est seulement à ce moment assuré, qu'il pourra nous confier la gestion des trésors déjà réservés pour nous.

Dans Genèse 12:1-3, Dieu a promis à Abraham une bénédiction tellement abondante qu'elle s'étendra sur toutes les nations de la terre. Mais il a dû le tester pour savoir, pour ainsi dire, s'il avait choisi la bonne personne. A l'issue du test, voici le verdict de Dieu: « ...Maintenant je sais que tu crains Dieu, puisque tu ne m'as pas refusé ton fils unique...Puis l'ange de l'Éternel appela une seconde fois Abraham du haut du ciel et lui dit: Je le jure par moi-même, parole de l'Éternel, puisque tu as fait cela, puisque tu ne m'as pas refusé ton fils, ton unique, je te comblerai de bénédictions, je multiplierai ta descendance et je la rendrai aussi nombreuse que les étoiles du ciel et que les grains de sable au bord de la mer. Ta descendance dominera sur ses ennemis. Tous les peuples de la terre seront bénis à travers ta descendance parce que tu m'as obéi » (Genèse 22: 12-18).

Notez que presque rien n'est nouveau dans toutes les bénédictions mentionnées à la fin du test d'Abraham. Dieu n'a fait que confirmer ce qu'il avait déjà promis. Abraham pouvait être disqualifié après le test, comme le sont plusieurs d'entre nous. Mais il a réussi, et Dieu a mis un sceau à ses précédentes promesses pour lui. Peut-être Dieu demande de toi une obéissance qu'il n'a pas obtenue jusqu'à présent. Cela pourrait simplement être une habitude, une fréquentation que tu dois arrêter, des films pornographiques ou semi-pornographiques à ne plus voir, ou quelque chose de plus important comme l'abandon de ton emploi, de ta famille, de ton pays, de ta maison, de ton héritage ou de ta fortune, etc. Chaque fois que tu fais certaines choses, tu es oppressé(e), tu sens la tristesse envahir ton âme ou la paix quitter ton cœur. Ce sont des signaux qui t'indiquent que le ciel n'est pas d'accord avec toi. Tant que le Seigneur n'aura pas eu gain de cause dans ces domaines de ta vie, il te sera difficile d'entrer à Canaan. Toutes ses promesses précédentes pour toi pourraient simplement être annulées. Dieu s'est repenti des promesses faites à Eli simplement parce qu'il ne tenait pas bien sa maison en tant que prêtre. Malgré les avertissements de Dieu, il n'a pas changé; alors Dieu l'a rejeté (1Samuel 2:29-30).

C'est à cause de la désobéissance du peuple d'Israël aux instructions divines que presque tous ont été rejetés et ont péri dans le désert. La promesse de Dieu ne s'est pas accomplie dans leur vie. Ils ne sont pas entrés dans le pays où coulent le lait et miel dans lequel Dieu avait pourtant promis de les amener. A cause du prolongement de la période du désert, les épreuves et les tentations se sont multipliées et ils ont fini par y céder presque tous.

C'est pourquoi prenez à cœur ce que dit l'Esprit Saint : « Aujourd'hui, si vous entendez la voix de Dieu, ne vous endurcissez pas, comme l'ont fait vos ancêtreslorsqu'ils se sont révoltés et qu'ils ont, dans le désert, voulu me forcer la main. Oui, ce jour-là, vos ancêtres m'ont défié voulant me forcer la main bien qu'ilsm'aient vu àl'action pendant 40 ans. C'est pourquoi j'ai été plein de colère contre cette génération-là. Et j'ai dit : Leur cœur s'égare sans cesse. Oui, **ils n'ont fait aucun cas des chemins que je leur prescrivais. C'est pourquoi, dans ma colère, j'ai fait ce serment : ils n'entreront pas dans mon repos** » (Heb.7-11) !

6. Le test de moralité et les subtilités de l'idolâtrie

Un des épisodes les plus pathétiques de ce prolongement du désert s'est déroulé dans plaines de Moab. Il est admirable de voir comment Dieu protège son peuple contre la méchanceté de Balaq, roi des Moabites. En vérité, L'occultisme et la divination ne peuvent rien contre le peuple de Dieu (Nombres 23:23). Balaam n'avait pas pu les maudire tant qu'ils étaient irréprochables devant Dieu. Voilà pourquoi il changea de stratégie et utilisa l'immoralité pour ouvrir la porte à ses assauts. L'immoralité a conduit à l'idolâtrie et la porte était grandement ouverte. 24.000 personnes ont péri en un seul jour (Nombres 25: 1-9). Quel désastre !

En fait lorsque le péché a été consommé, Balaam n'a même plus eu besoin de faire recours aux pratiques occultes pour atteindre Israël. Dieu s'est lui-même occupé de frapper son peuple.

La Bible dit : « Israël s'établit à Chittim. Là, le peuple commença à se livrer à la débauche avec les filles de Moab qui les invitèrent aux sacrifices offerts à leurs dieux. Les Israélites participèrent à leurs repas sacrés et se prosternèrent devant leurs dieux. Peu à peu, Israël s'adonna au culte du Baal de Peor, et l'Éternel se mit en colère contre lui. L'Éternel dit à Moïse : « Prends avec toi tous les chefs du peuple et fais-les pendre en ma présence face au soleil, afin que l'ardeur de ma colère se détourne d'Israël. Moïse ordonna aux juges d'Israël : Que chacun de vous exécute ceux de ses gens qui se sont adonnés au culte du Baal de Peor » (Nombres25:1-5).

« Tous ces faits nous servent d'exemples pour nous avertir de ne pas tolérer en nous de mauvais désirs comme ceux auxquels ils ont succombé... Tous ces événements leur sont arrivés pour nous servir d'exemples. Ils ont été mis par écrit pour que nous en tirions instruction, nous qui sommes parvenus au temps de la fin » (1Cor.10: 6, 11).

Jacques déclare: « Heureux l'homme qui tient ferme face à la tentation, car après avoir fait ses preuves, il recevra la couronne du vainqueur : la vie que Dieu a promise à ceux qui l'aiment...Lorsque nous sommes tentés, ce sont les mauvais désirs que nous portons en nous qui nous attirent et nous séduisent, puis le mauvais désir conçoit et donne naissance au péché. **Et le péché, une fois parvenu à son plein développement, engendre la mort** » (Jacques 1:12, 14-15).

L'amour insatiable des richesses, l'immoralité et l'idolâtrie forment le trio qui a fait le plus de victimes de notre temps. Pratiquement tous les mauvais désirs tournent autour de ces trois maux. D'ailleurs Paul qualifie la cupidité (l'insatiabilité ou la soif de posséder) d'idolâtrie (Eph.5:5). Nous avons déjà traité l'amour des richesses dans le paragraphe sur le test de contentement et de patience. Quant à l'immoralité, elle a pris aujourd'hui des proportions tellement alarmantes que nous devons la considérer comme une peste pour notre génération. Voici quelques formes de déviations sexuelles entraînant la colère de Dieu sous la forme d'une malédiction :

- L'inceste (Dt. 27:20, 22-23).
- La zoophilie (Dt. 27: 21; Exode 22:18).
- L'homosexualité et le lesbianisme (Rom. 1:26-27).

A ces formes de déviances graves, on peut ajouter d'autres péchés sexuels qui pourraient avoir le même effet dévastateur sur l'individu qui les pratique ; surtout si la pratique est récurrente et régulière:

- La fornication
- L'adultère
- La masturbation
- Les pensées et imaginations sexuelles constamment impures
- Les films pornographiques
- Le voyeurisme.

Paul dit: « Ne vous y trompez pas: il n'y aura point de part dans l'héritage de ce royaume pour les débauchés, les idolâtres, les pervers ou les homosexuels... » (1Cor.6:9-10). Jean de dire à son tour : « Dehors, les hommes ignobles, ceux qui pratiquent la magie, les débauchés, les meurtriers, ceux qui adorent les idoles et tous ceux qui aiment et pratiquent le mensonge » (Apocalypse 22:15).

La débauche n'est pas que de l'immoralité sexuelle ; elle est très souvent entourée de plusieurs autres vices comme les divertissements malsains, l'idolâtrie et l'ivrognerie. D'ailleurs, il est écrit: « Ne vous enivrez pas de vin, c'est de la débauche » (Eph.5:18).

En dehors de l'ivrognerie, l'ennemi de nos âmes a créé toutes sortes de divertissements vicieux pour nous empêcher d'entrer à Canaan. Pensez au nombre incalculable de boîtes de nuit, de club de danse parfois tout-nu, de films pornographiques et d'initiation à la magie ; les paris et toutes sortes de jeux de hasard, etc.

Vous devriez faire attention, voir vous abstenir totalement de tout ce qui vous emporte dans la sensualité ou vous vole la maîtrise de soi.

L'idolâtrie est aussi souvent mentionnée là où il y a de la débauche parce qu'en réalité lorsque vous êtes plongés dans ce désordre sensuel, vous rendez déjà un culte à une divinité, même si vous ne la voyez pas physiquement placée devant vous. L'atmosphère est bien saturée de sa présence. La Bible dit: « Ne soyez pas idolâtres comme certains d'entre eux l'ont été, selon ce que rapporte l'Ecriture : le peuple s'assit pour manger et boire, puis il se leva pour se divertir » (1Cor. 10:7).

L'idolâtrie est une des plus grandes causes de l'action des mauvais esprits dans nos vies. Or l'objectif principal d'un esprit mauvais lorsqu'il entre dans la vie d'un individu c'est de voler sa destinée, c'est-à-dire lui détourner le plan de Dieu pour sa vie.

Le Dr Abraham Chigbundu (dans son livre: *Loosehim and let himgo!*Chapitre 4) affirme que 85% de ceux qui sont sous l'influence des démons le sont devenus indirectement, c'est-à-dire sans le savoir; à travers les actes idolâtres comme les incisions, les concoctions mystiques, les films initiatiques, la musique et la dance traditionnelle, les livres occultes, les alliances parentales, la dédicace des enfants à certaines divinités par les parents, la visite des médiums en quête de solution ou de connaissance du futur, les noms donnés aux enfants en l'honneur de certaines divinités ou des noms à la signification obscure, l'utilisation des bougies et de l'encens, les rituels faits dans des cours d'eau, les jurons, les rituels faits aux jumeaux, les symboles occultes (666, 999, le serpent, la sirène des eaux, etc.) **Plusieurs n'auront jamais accès à ce que Dieu a préparé pour eux, simplement parce qu'ils sont bloqués par des puissances étranges et des murailles démoniaques**.

Voici certains symptômes qui peuvent vous révéler la présence d'une influence démoniaque dans votre vie:

- Pensée constante de mort ou tendance suicidaire
- Dépression régulière
- Soliloques
- Hallucinations
- Être constamment poursuivi ou harcelé dans les rêves
- Tendance constante à tomber
- Excès de transpiration sans explication
- Vertiges sans raison
- Colère incontrôlable
- Sensation non naturelle de chaleur
- Insomnie, manque de calme intérieur
- Maladie démoniaque caractérisée par : la fluctuation des diagnostics médicaux, l'insaisissabilité de la pathologie (souvent due à son instabilité), la connexion avec certains endroits où certains moments précis (il peut arriver que la maladie déclenche après un rêve particulier, la visite d'un lieu précis, etc.)

Il faut aussi noter que certains esprits peuvent entrer dans votre vie à cause des péchés ou des erreurs de vos parents. Dieu dit qu'il punit les fils pour la faute de leur père jusqu'à la 3ème, voire la 4ème génération (Exode 20:4-5). La lèpre de Naaman devait s'attacher à Guéhazi et à sa descendance pour toujours à cause de la cupidité de ce dernier. Pierre parle de la mauvaise manière de vivre que nous ont transmise nos ancêtres (1Pi.1:18-19). L'Éternel a attaqué Moïse à cause de l'incirconcision de son fils.

« L'Éternel attaqua Moïse, cherchant à le faire mourir. Alors Séphora saisit une pierre tranchante, coupa le prépuce de son fils et en toucha les pieds de Moïse en disant : Tu es pour moi un époux de sang. Alors l'Éternel laissa Moïse » (Exode 4:24-26).

Voici quelques iniquités dont les répercussions s'étendent d'une génération à l'autre:

- L'idolâtrie et l'occultisme (Exode 20:3-5).
- Les déviations sexuelles (Dt.27:20-23).
- L'oppression des étrangers, des veuves et des orphelins (Dt. 27;19)
- Les crimes (Dt. 27:24-25).
- La malhonnêteté à outrance dans les affaires et la méchanceté (Dt. 27:17-18). etc

Pour parvenir à la délivrance totale de tels héritages souillés et de l'influence des esprits mauvais, vous devez sincèrement confesser vos péchés et ceux de vos parents et vous en séparer complètement. Vous pourriez avoir besoin d'un conseiller spirituel pour vous aider si vous n'arrivez plus à maîtriser l'action des esprits.

N.B: Nous avons traité le sujet des malédictions en détail dans l'ouvrage intitulé : La guérison intérieure et la délivrance.

Dans certaines familles africaines, les enfants de Dieu tombent dans le piège de prendre dans leurs maisons des parentés non chrétiennes qui viennent les souiller spirituellement à travers leurs pratiques et servent de pont à travers lesquels les esprits de famille se reconnectent pour les accabler. Le Seigneur ne supporte pas de voir chez ses enfants des pratiques idolâtres qui sont parfois faites par leurs parents dans le secret. Plusieurs enfants de chrétiens ont été initiés dans la sorcellerie par de telles naïvetés ou négligences spirituelles. Nous connaissons des cas d'accidents, de maladies, de morts, de sécheresses spirituelles et financières qui sont le résultat de tels laxismes ou aveuglement spirituel. Prendre un non chrétien chez-soi peut parfois être dangereux voire mortel, quand bien même il serait un parent proche. Dès lors qu'ils ne partagent pas votre foi, ne sont pas du même côté spirituel que vous et ne sont pas disposés à l'être, ils deviennent des canaux facilement utilisés par l'ennemi, leur maître, pour vous atteindre. Ces gens, ainsi que leurs pratiques (amulettes, totems, sorcellerie, vampirisme, culte des ancêtres, inceste, etc.) constituent des interdits dans nos maisons et ouvrent grandement la porte à l'ennemi qui n'attend que de telles occasions pour entrer et nous dévorer. Un des plus gros pièges du désert dans lequel les enfants de Dieu tombent souvent est la famille charnelle. L'ennemi continue de l'utiliser pour avaler de millions de destinées naïves.

> ***Un des plus gros pièges du désert dans lequel les enfants de Dieu tombent souvent est la famille charnelle. L'ennemi continue de l'utiliser pour avaler de millions de destinées naïves.***

L'ennemi profite énormément de l'ignorance du peuple de Dieu pour l'affliger et lui voler ses grâces. Dans ce sens, un des pièges les plus artificieux de Satan actuellement se trouve dans les églises.La Bible nous parle d'une foule nombreuse et composite qui est sortie d'Égypte avec le peuple d'Israël et qui était la plupart du temps à l'origine des murmures et des plaintes dans le camp (Exode 12:38). **« Il y avait parmi le peuple un ramassis d'individus qui furent saisis de toutes sortes de désirs**. Alors les Israélites, à leur tour recommencèrent à pleurer en disant : Ah! Si seulement nous pouvions manger de la viande! Nous regrettons le poisson qu'on mangeait pour rien en Égypte ! Et les concombres ! Et les melons! Et les poireaux ! Et les oignons ! Et l'ail! A présent, nous dépérissons. Nous sommes privés de tout, rien que la manne, toujours la manne » (Nombres 11:4-6). L'apôtre Jude nous met en garde contre ces gens en ces termes: « **Car des hommes dont la condamnation est depuis longtemps annoncée dans l'Ecriture se sont infiltrés parmi nous**...Ces hommes-là sont d'éternels mécontents, toujours à se plaindre de leur sort, et entrainés par leurs mauvais désirs. Ils tiennent de grands discours et flattent les gens pour en tirer profit. » (Jude 4,16).

Ce sont ces gens qui égarent ceux qui sont mal affermis dans la Parole de Dieu et qui utilisent la Bible ou l'église pour leurs propres intérêts. Ils disent qu'ils servent Dieu, mais leur description correspond à ce que nous venons de lire. Le psalmiste déclare dans le psaume 139 :20 : «Ils parlent de toi (Dieu) pour appuyer leurs projets criminels, ils utilisent ton nom pour mentir, eux, tes ennemis ! » Se retrouver sans discernement sous l'autorité de telles personnes peut véritablement compromettre le plan de Dieu pour votre vie. Puisqu'ils agissent comme des devins en utilisant souvent même des pouvoirs occultes, vous pouvez facilement être envoûté si vous vous retrouvez dans leur zone d'influence. Ce phénomène est tellement important aujourd'hui que nous y avons consacré une partie du dernier chapitre; car il est l'un des moyens les plus puissants que l'ennemi utilise pour voler la destinée des enfants de Dieu.

Dans le chapitre qui suit, nous verrons des signes qui peuvent nous permettre de savoir si notre destinée est tenue captive dans le désert et comment y remédier.

CHAPITRE 3: VAINCRE LES VOLEURS DE PROPHÉTIES ET DE DESTINÉES

Il y a des esprits qui avalent les prophéties, les empêchant ainsi de s'accomplir. Ils se tiennent en général sur les erreurs que vous commettez dans le désert pour vous avoir et prendre le dessus sur vous. Sans ces failles, ils ne peuvent rien contre vous.

Les dévoreurs de prophétie sont aussi les voleurs de destinée. Ce sont des esprits de non accomplissement. Ils veillent à ce que rien de ce que Dieu a dit ou a prévu pour vous ne se réalise.Ces esprits s'attaquent précisément à ce que Dieu a déclaré à votre sujet. Ils disent: « On verra comment cela s'accomplira. » Ils utilisent les sorciers et les jaloux pour vous talonner jusqu'à ce que vous soyez frustrés ou détruits.Ce sont ces esprits qui ont poussé Hérode à tuer tous les enfants de moins de 2 ans au temps de la naissance du Christ. Connaissant le plan que Dieu avait prévu pour son Fils, ils voulaient absolument l'empêcher de s'accomplir. Ils ont poussé les gens du temple à vouloir précipiter Christ dans un ravin pour le tuer avant son temps (Luc 4:29-30). C'est encore par leur inspiration que les prêtres et le gouverneur ont posté des soldats pour garder la tombe du Seigneur afin de l'empêcher d'en sortir. Malheureusement pour eux, ça ne devait pas être l'œuvre de ses disciples comme ils le pensaient. Les anges et la Puissance de la résurrection du Christ dépassaient de loin leurs pauvres et ridicules moyens humains. Les gens animés par ces esprits font tout ce qu'ils peuvent, parfois même au prix de leur propre vie si nécessaire pour que ce que Dieu a dit ne s'accomplisse pas dans votre vie. Une sœur m'a raconté que dans un rêve, elle a vu 3 femmes qui disaient entre elles: « On verra comment elle va se marier! » 2 mois après ce rêve, son fiancé a rompu les fiançailles en lui annonçant qu'il aimait une autre femme. Les témoignages de ce genre sont nombreux. Il me souvient un autre frère envoyé en mission d'évangélisation par le Seigneur dans une certaine contrée qui vit dans un rêve une autorité du coin donner des ordres visant à l'empêcher d'y entrer. Lorsque David voulut prendre possession de Jebus devenue Jérusalem, les géants qui y étaient se moquèrent de lui à tel point qu'ils lui promirent que ce seraient leurs estropiés qui le vaincraient.

Cet ouvrage a aussi été conçu pour vous aider à vaincre ces esprits dont la mission est de vous empêcher d'accomplir la vôtre.

I. Définition

Dieu a pour chacun de nous un plan. Selon Eph.2:10, il a prévu de bonnes œuvres à accomplir pour chaque personne qui se repent de ses péchés et s'engage à suivre le Seigneur Jésus-Christ. C'est ce plan de Dieu et ces bonnes œuvres prévues d'avance en Christ que nous appelons « destinée ».

Les voleurs de prophéties ou de destinée sont là pour se rassurer que ce que Dieu a prévu pour vous ne se manifeste jamais. Ce sont des détourneurs de votre futur et des avaleurs de signes et prodiges que Dieu a prévus accomplir à travers votre vie. Ce sont des mangeurs de vos dons et talents; Des extincteurs de votre étoile et les bloqueurs de l'accomplissement du plan de Dieu pour votre vie.

A première vue la chose semble illogique, voir même impossible. Comment est-ce qu'un méchant esprit peut détruire la parole ou le projet de Dieu pour ma vie? Est-il plus fort que Dieu? Quelques exemples tirés de la Bible et de plusieurs expériences différentes pourront nous édifier à ce sujet.

II. D'où viennent les voleurs de destinées ?

La plupart de gens ne croient pas qu'un esprit puisse voler ou détourner une prophétie ou une bénédiction déclarée par Dieu. Leur position est basée sur la logique selon laquelle Satan ne peut empêcher la volonté ou le plan de Dieu de s'accomplir parce qu'il n'est pas plus fort que Dieu. L'erreur dans cette approche est de voir Satan comme un être souverain, capable de s'opposer à Dieu de lui-même et de réussir dans ses manœuvres. La vérité est que Dieu est tellement puissant qu'il utilise même Satan. En réalité Satan ne peut rien faire sans la permission de Dieu. Jésus a dit à Ponce Pilate: « Tu n'aurais sur moi aucun pouvoir, s'il ne t'avait été donné d'en haut » (Jn.19:11). Lorsque les hommes pensent que c'est uniquement l'ennemi qui est à l'œuvre, en fait c'est toujours Dieu qui agit indirectement. Regardons dans la Bible quelques cas de figure pour mieux comprendre cette vérité.

1. L'Éternel est derrière tous les malheurs qui nous atteignent.

« Un malheur viendra-t-il frapper une cité à moins que l'Éternel en soit l'auteur ? » Amos 3:6

« J'ai formé la lumière et créé les ténèbres, je donne le bonheur et je crée le malheur. Oui, c'est moi, l'Éternel, qui fait toutes ces choses. » Esaïe 45:7

« Par sa Parole, le Très-Haut ne suscite-t-il pas et le malheur et le bonheur? Pourquoi l'homme se plaindrait-il alors qu'il reste en vie? Que chacun se plaigne de ses péchés. » Lam. 3:38-39

2. L'Éternel est derrière l'ennemi qui nous atteint.

Satan qui est le maître de tous les dévoreurs ne pourra jamais t'atteindre si Dieu ne lui ouvre la porte. Par la bouche du prophète Joël, le Seigneur dit: « Oui, je vous dédommage pour les années qu'ont dévorées les sauterelles, les criquets, les grillons, **ma grande armée de dévoreurs que j'ai envoyée contre vous.** » Joël 2:25

Ce sont les frères de Joseph qui l'avaient vendu en Égypte par jalousie. Mais dans le Psaume 105:16-17, nous lisons: « Il (Dieu) fit venir la famine sur tout le pays, les privant même de pain. Il envoya devant eux un homme : Joseph, vendu comme esclave. »

Nous savons qu'après la mort de Joseph et de tous ceux qui l'avaient connu, les Égyptiens sont devenus cruels envers les hébreux. Mais le Psaume 105:25 nous dit que c'est Dieu qui avait changé leur cœur pour qu'ils haïssent son peuple et préparent le malheur de ses serviteurs.

Au temps d'Achab roi d'Israël, celui-ci décida d'attaquer la Syrie pour reprendre la ville de Ramoth en Galaad. Il convoqua donc les prophètes au nombre d'environ 400 qui lui prophétisèrent tous la victoire assurée. Puis vint le prophète Michée qui déclara ceci: « J'ai vu l'Éternel siégeant sur son trône, tandis-que toute l'armée des cieux se tenait près de lui... » L'Eternel demanda: « Qui trompera Achab pour qu'il aille attaquer Ramoth en Galaad et qu'il tombe sur le champ de bataille ? » L'un proposait ceci, l'autre cela. Finalement un esprit s'avança, se plaça devant l'Éternel et dit: « Moi, je le tromperai. » L'Eternel lui demanda: « Et comment t'y prendras-tu? J'irai, répondit-il, inspiré des mensonges à tous ses prophètes. L'Eternel dit: «Pour sûr, tu le tromperas, tu y réussiras. Va donc et fais comme tu l'as dit. » Et maintenant, conclut Michée, c'est ce qui est arrivé : « l'Éternel a fait qu'un esprit de mensonge inspire tous tes prophètes ici présents, car l'Éternel a résolu ta perte » (1Rois 22:19-23).

Mais, attention ! Notre Dieu ne se plaît pas à nous livrer à nos ennemis.Lorsque le Seigneur a déclaré une parole de bénédiction à votre sujet, la plupart du temps il y a des conditions attachées à son accomplissement. Lorsque vous ne remplissez pas ces conditions, Dieu lui-même suscite de l'adversité pour vous arracher cette bénédiction au cas où il ne vous détruit pas simplement comme Achab.

Lorsque le Seigneur a déclaré une parole de bénédiction à votre sujet, la plupart du temps il y a des conditions attachées à son accomplissement. Lorsque vous ne remplissez pas ces conditions, Dieu lui-même suscite de l'adversité pour vous arracher cette bénédiction au cas où il ne vous détruit pas simplement comme Achab.

Examinons quelques conditions dans lesquelles Dieu semble plutôt travailler contre vous en ouvrant la porte aux dévoreurs capables d'éteindre jusqu'à la prophétie divine dans votre vie.

III.Symptômes

Voici quelques signes qui montrent que vous êtes une victime des voleurs de destinée:

1. Déphasage entre les rêves/visions et le vécu quotidien

Les bénédictions de Dieu se manifestent dans les rêves, mais jamais ou presque jamais en pratique. Dans les rêves ou les visions on a des dons spirituels, le mariage, le travail, l'abondance, etc. Mais qui ne se concrétisent jamais dans la réalité. Vous faites par exemple des rêves dans lesquels vous priez pour des malades et ils sont guéris, mais lorsque vous priez pour des gens dans la réalité physique, rien ne se produit. Vous êtes physiquement très apte ou même sportif dans vos rêves pourtant dans la réalité vous êtes inapte voir même amorphe.

2. **Disparition soudaine d'une grâce particulière qui se manifestait beaucoup dans votre vie.**

Quelqu'un m'a raconté comment il prospérait dans son commerce et avait beaucoup de clients fidèles et réguliers jusqu'à un moment donné. Tout s'est subitement arrêté comme si on avait fermé un robinet. Aujourd'hui, c'est à peine s'il peut payer son loyer ; pourtant bien avant, après avoir payé le loyer, il nourrissait les siens (6 personnes) et s'acquittait aisément de la scolarité de plusieurs autres enfants.

Un professeur d'université me raconta comment il jouissait d'une très bonne santé physique et intellectuelle jusqu'à ce qu'un jour après un repas avec un ami, il attrapa une diarrhée qui le conduisit dans 10 années de troubles digestifs et de maladies sans arrêt. Il fit de nombreux examens médicaux qui furent tous négatifs. Il devint frêle, pouvant à peine tenir 4 heures d'affilées dans un travail intellectuel soutenu. Depuis lors, il est diminué et loin des réalisations dont il était capable lorsqu'il était en bonne santé.

Chez un autre, un frère qui prophétisait et que Dieu utilisait beaucoup dans la délivrance et la guérison des malades, plus rien de cette onction. Le fleuve a séché. Mais pourquoi donc ? Pourtant Dieu ne se repent pas de ses dons (Rom. 11:29). Il est très probable que toutes ces gens aient été victimes du vol de leur destinée.

Parfois ce pourrait être parce que l'on s'est connecté assez fortement à quelqu'un ayant un mauvais sort ou pratiquant la sorcellerie. Une de nos patientes raconta l'histoire selon laquelle chaque fois que quelqu'un voulait l'épouser, il rencontrait tellement de problèmes qu'il se ravisait et laissait tomber. D'ailleurs, un de ses ex-prétendants lui avoua qu'il l'avait quittée parce que plus rien ne marchait dans sa vie; ses affaires s'étaient effondrées et il a retracé le début detoussesproblèmesaumomentoùilsontcommencéàsefréquenter.

Il y a quelques années, nous avons pris une fille de 12 ans pour passer 1 mois de vacances chez nous. De son arrivée à son départ, nous avons expérimenté une sécheresse sans précédent dans notre maison. Toute la provision est complètement finie. Lorsqu'elle nous a quittés, le ravitaillement a recommencé moins de 24h après. En fait, elle représentait un interdit qui bloquait la bénédiction de Dieu dans notre maison à ce moment-là. Quelques mois plus tard, elle confessait la sorcellerie et beaucoup de dégâts qu'elle avait commis. Parfois l'ennemi peut se servir de certains de nos proches auxquels nous sommes fortement attachés pour voler ou écorcher notre destinée.

3. **Rêves réguliers de souffrance**

- Vous faites de nombreux rêves dans lesquels vous êtes esclave, mendiant, prisonnier, enchaîné, enfermé, handicapé, soumis aux travaux forcés ou dépouillés de vos biens.

Cette situation doit être particulièrement prise en compte si ces rêves se manifestent physiquement. Par exemple, vous travaillez sans salaire ; vous êtes plusieurs fois accusé faussement; Vous perdez souvent de l'argent de façon inexplicable ou subissez des coups de vols voire d'agressions; etc.

- Vous faites régulièrement des rêves dans lesquels vous êtes battus et sans aucun secours.
- Vous faites régulièrement des rêves dans lesquels vous êtes violés; vous faites des couches de nuit ou vous êtes marié(e) à une personne qui n'est pas votre conjoint. Ce sont en fait de puissants moyens par lesquels l'ennemi se connecte à vous et peut vous dépouiller de votre potentiel dans tous les domaines.

4. **Rêves réguliers dans lesquels vous n'arrivez jamais où vous allez**
- Vous tournez en rond.
- Vous courrez de toutes vos forces mais en faisant *du sur-place.*
- Vous êtes égaré (peut-être dans une forêt).
- Vous marchez sans savoir où vous allez.
- Etc.

5. **Rêves réguliers de vieilleries**
- Vous êtes dans de vieilles maisons.
- Vous êtes dans un ancien poste ou boulot; une ancienne maison que vous aviez jadis occupée, votre ancien quartier, l'école primaire ou le collège ou la classe que vous avez quitté depuis longtemps.
- Vous êtes toujours dans votre village ou votre lieu de naissance.
- Vous portez de vieux vêtements (peut-être déchirés).
- Vous mangez à la poubelle.
- Vous êtes fous.
- etc.

6. **Rêves de calamités**
- Vos documents importants comme les diplômes par exemple ou l'acte de naissance sont mouillés par la pluie de façon irrécupérable ou emportés par un torrent d'eau.
- Votre maison est inondée d'eau dans un marécage.
- Vous êtes entrain de vous noyer.
- Votre maison se brûle avec tout ce qu'elle contient.
- Votre champ est dévasté par les animaux, les insectes ou l'inondation au moment de la récolte.
- Vous oubliez tous vos documents importants dans un taxi ou un véhicule qui les emporte sans trace.
- Etc.

7. **Déphasage entre l'appréciation des autres et ce que vous recevez concrètement.**

Imaginez un élève qui reçoit la mention très bien à son examen, mais dont la note est de 10/20. Il y'a des gens qui sont appréciés de tous, mais qui jamais ne sont vraiment traités à leur juste valeur. Vous parlerez peut-être de simple méchanceté ou de jalousie des hommes pour expliquer ce phénomène ; mais lorsque la chose se répète au lieu de service, en famille ou entre amis, il faut bien se poser des questions. Parfois c'est à son tour d'être servi que le stock s'achève ou plutôt qu'un problème que personne n'imaginait survient et bloque tout.

Vous êtes appréciée et louée par tous, mais personne ne veut vous épouser.

Votre CV est pertinent, mais personne ne veut vous employer. Vous êtes salué comme l'un des meilleurs là où vous demandez l'emploi mais au moment de recruter, votre dossier est laissé à l'abandon ou *miraculeusement oublié.*

Quelqu'un me disait une fois : « Tous mes patrons apprécient mon travail et même, font des éloges à mon endroit devant les autres employés, cependant au moment des récompenses et promotions, ce sont les profils les moins performants que le mien qui sont promus. »

8. **Syndrome de presque réussite**

- Vous êtes en général à côté de la réussite, mais vous ne réussissez que très rarement ou très difficilement.
- Très souvent l'on vous tient le langage suivant : « si tu étais là hier, ç'aurait marché » ; « Si tu venais juste un peu plus tôt » ; « Si tu faisais juste un peu plus d'efforts »; etc.

D'aucuns l'appellent le syndrome *d'à moins un.* Celui où l'on est presque toujours à un pas du succès, mais sans toutefois l'obtenir.

- Vous êtes terriblement oppressé à l'approche des échéances déterminantes de votre vie.

Je connaisun élève en classe de terminale qui est parti de l'hôpital pour composer tous ses examens. On aurait pu penser que ces maladies étaient dues à un surmenage intellectuel ou au stress de l'approche des examens,mais chose bien curieuse, lors d'un de ses examens où il n'était pas malade, il a quand-même dû partir de l'hôpital pour la salle de composition parce qu'il venait d'être victime d'un accident de circulation.

Je connais aussi une femme qui cherchait à avoir un enfant avec son mari depuis plus de 10 ans. Chaque fois qu'approchait sa période féconde, elle tombait gravement malade à tel point que son mari ne pouvait même plus s'approcher d'elle.

Lorsque vous faites ainsi face à des blocages particulièrement tenaces quand vous êtes aussi proches d'événements qui peuvent agréablement changer votre histoire, alors il est fort probable que vous ayez affaire à un ou plusieurs dévoreurs de destinée à l'œuvre dans votre vie.

9. **Représailles sérieuses lorsque vous avez une promotion ou une réussite**

Un chantre me déclarait qu'après chaque prestation où Dieu se manifestait vraiment, il avait de sérieux cauchemars. Parfois il était tellement oppressé et battu dans son sommeil par des gens invisibles qu'il devait consulter un médecin ou prendre des antalgiques.

J'ai entendul'histoire d'un homme qui est tombé malade au lendemain de sa nomination au lieu de service. Il a souffert de cette maladie au point d'en mourir 3 ans plus tard. J'ai aussi un ami qui tombe souvent malade, et parfois avec toute sa maison chaque fois qu'il a une somme d'argent importante.

Pour chacune de ces personnes, quelqu'un d'invisible semble contrôler leur vie et les frapper chaque fois qu'ils font un pas de plus dans l'accomplissement de leur destinée. Si ces choses vous arrivent régulièrement, cela signifie qu'un esprit de manque d'accomplissement est à l'œuvre dans votre vie. Vous êtes victime du vol de votre destinée.

10. **Mort précoce**

La mort précoce qui sévit dans une famille est un signe que les voleurs de destinée y travaillent. Dieu a fixé un temps de vie pour chacun de nous (PS.139:16). Lorsque vous mourrez avant votre temps prévu par Dieu, il est possible que les voleurs de destinée utilisent votre potentiel, vos dons et talents pour opérer à leur compte. Si vous êtes dans une famille où les gens meurent souvent avant 50 ans par exemple, alors il est fort probable que les mangeurs de destinée soient à l'œuvre dans votre famille.

Les rêves dans lesquels vous êtes enterré, dans un cercueil, régulièrement en compagnie des morts sont aussi révélateurs de vol de destinée.

Si vous êtes très souvent victime d'accidents mortels, de chutes sans raison, bref si vous passez régulièrement à côté de la mort de manière frappante, vous devez envisager être poursuivi par des mangeurs de destinée. J'ai entendu l'histoire de quelqu'un qui avait fait 4 accidents de route la même année. Il y avait vraiment matière à réfléchir. Nous verrons plus loin comment vaincre ou éloigner de nous les dévoreurs de destinée.

Attention : Il faut que pareilles choses se produisent plusieurs fois dans votre vie pour que vous tiriez la conclusion selon laquelle vous avez affaire aux voleurs de destinée. Une seule expérience ne saurait suffire à cet effet. Seulement en 2017, nous avons reçu dans notre clinique spirituelle des centaines de patients qui souffraient de ce problème. Chacun d'eux avaient vécu au moins 3 expériences différentes et plusieurs événements récurrents qui permettaient de confirmer ce diagnostic.

IV. Vaincre les voleurs de destinées

Les voleurs de destinée sont là pour bloquer ce que Dieu a prévu pour vous, en d'autres termes votre entrée à Canaan. Pour les vaincre, nous vous renvoyons au chapitre 2 où nous avons traité la traversée du désert et ses pièges.

La Bible dit que « le salut sera sur la montagne de Sion,...Et la maison de Jacob reprendra ses possessions » (Abdias 17). Vous pouvez avoir été volé(e) longtemps, mais il vous faudra seulement être déterminé(e) à reprendre ce qui est à vous d'après la Parole du Seigneur.

Sachez que de toutes les bonnes paroles (promesses) de l'Éternel dites à la maison d'Israël, aucune ne resta sans effet ; toutes s'accomplirent. Aucun de leurs ennemis ne put leur résister et l'Éternel les livra tous entre leurs mains. L'Éternel donna à Israël tout le pays qu'il avait juré de donner à leurs pères ; ils en prirent possession et s'y établirent (Josué 21:43-45).

C'est vous qui pouvez être infidèle et mourir dans le désert. Dieu lui, demeure fidèle à sa Parole et à ses promesses. Repentez-vous de là où vous avez failli aux ordonnances du Seigneur. Persévérez dans la sanctification et la foi; tenez ferme dans le combat spirituel et tout ce que Dieu a dit à votre sujet finira par se réaliser.

Le chapitre suivant vous aidera davantage dans l'accomplissement du plan de Dieu pour votre vie.

CHAPITRE 4: RECONNAÎTRE LES AIDES DE DESTINÉES

I. Définition

Les aides de destinée sont des gens que Dieu place sur votre chemin à un moment de votre vie pour vous apporter l'aide sans laquelle vous n'arriverez jamais à faire tout ce qu'IL attend de vous.

II. Rôle stratégique des aides de destinées

En Janvier 2000, nous débarquâmes à l'aéroport international de Lagos au Nigeria pour 12 mois de formation dans l'école des missions de la *Christian MissionaryFoundation*(Fondation Missionnaire Chrétienne). J'étais avec mon épouse et nous devrions être formés dans un internat avec des étudiants de différentes nationalités. La formation et les fournitures devaient coûter un peu plus de 1000 dollars, mais nous n'avions plus qu'environ 15 dollars en poche. Si Dieu ne faisait rien pour nous dans ce pays étranger où nous ne connaissions personne, notre situation devait vraiment être catastrophique. Celui qui nous accueillit à l'aéroport était le directeur de la fondation lui-même. Sans rien savoir de notre situation financière, il se mit à nous soutenir financièrement tout le long de l'année. Il paya toutes nos fournitures et s'occupa de tous les frais à l'école. A la fin de notre formation, il nous révéla que ce fût suite à une instruction divine qu'il accomplît tout ce bien. Il fut à ce moment de notre histoire une véritable aide de destinée dont Dieu se servit pour frayer notre chemin missionnaire.

Que serait devenu Israël en Égypte ou dans le désert sans Moïse ?

Quelle que soit votre force, vos talents naturels et vos dons spirituels, vous aurez toujours besoin de certaines personnes pour vous aider de temps en temps dans votre marche vers l'accomplissement de votre destinée.Voici à ce sujet une déclaration fort édifiante de l'apôtre Paul: « Saluez Prisca et Aquilas, mes compagnons d'œuvre en Jésus-Christ, qui ont exposé leur tête pour sauver ma vie... » (Rom. 16:3-4). Ce n'est pas tous les jours que vous pourrez trouver un couple à même de vous sauver la vie ; qui plus est au prix de la leur. Ces gens étaient indiscutablement pour Paul des aides de destinée. Lorsque le Seigneur est apparu à Paul pour la première fois sur le chemin de Damas et qu'il est devenu aveugle, il a posé cette question à Jésus: « ...Seigneur, que veux-tu que je fasse?» Et le Seigneur lui a répondu: « Lève-toi, entre dans la ville, et on te dira ce que tu dois faire » (Actes 9:6). 3 jours après cet incident, le Seigneur envoya un certain disciple du nom d'Ananias vers Paul afin qu'il recouvre la vue et sois rempli du Saint-Esprit ; C'est par ce même Ananias que Paul fut baptisé et donc introduit dans l'église.

Cependant les disciples du Christ ne lui firent point confiance de sitôt, du fait des exécutions de chrétiens qu'il organisait par le passé. Certains le considéraient comme un espion dans l'église. Mais ce fut par le biais de Barnabas que Dieu convainquit les autres chrétiens de la réelle conversion de Paul (Actes 11: 25-26). Toutes ces personnes et bien d'autres furent, tour à tour, des aides de destinée pour Paul. Ainsi est faite la vie de tous ceux qui ont accompli de grands exploits dans l'histoire. Dieu a toujours mis sur leur passage des gens pour les soutenir. Ils ont su reconnaître ces personnes et recevoir d'elles l'aide dont ils avaient besoin.

- Moïse fut recueilli et soigné par Jethro au pays de Madian lorsqu'il fuyait du pays d'Égypte pour sauver sa vie.
- Dieu oignit Betsaleel et Oholiab d'intelligence et de sagesse pour aider Moïse à confectionner les ustensiles et les objets d'art de la tente d'assignation (Exode 36:1).
- « Josué était rempli de l'esprit de Sagesse, parce que Moïse avait posé ses mains sur lui » (Deutéronome 34:9).
- Dieu mit sur le chemin de David des gens qui crurent en lui et l'aidèrent à devenir roi. Sans ces personnes, David ne serait jamais devenu roi, malgré que cela fût la volonté de Dieu. Dans 1Chroniques11:10, nous lisons : « Voici les chefs des vaillants hommes qui étaient au service de David, et qui l'aidèrent avec tout Israël à assurer sa domination, afin de l'établir roi, selon la parole de l'Éternel au sujet d'Israël. »

Ensuite, « Voici ceux qui se rendirent auprès de David à Tsiklag, lorsqu'il était encore éloigné de la présence de Saül, fils de Kis. Ils faisaient partie des vaillants hommes qui lui prêtèrent leur secours pendant la guerre » (1Chroniques 12:1). Enfin, « Voici le nombre des hommes armés pour la guerre qui se rendirent auprès de David à Hébron, afin de lui transférer la royauté de Saül, selon l'ordre de l'Éternel... » (1Chroniques 12:23).

- C'est grâce à sa rencontre avec Elie que la vie d'Élisée changea complètement jusqu'à ce qu'il devienne le prophète remplaçant d'Elie (1Rois 19:19-21). Celui-ci fut certainement pour Élisée une aide de destinée.
- Paul dit à Timothée: « ... Je t'exhorte à ranimer le don de Dieu que tu as reçu par l'imposition de mes mains » (2Tim.1:6). Que serait devenu Timothée sans Paul? Paul fut pour Timothée en quelque sorte ce qu'Ananias et Barnabas avaient étépour lui dans l'accomplissement de sa destinée.
- Jésus rencontra André, mais ce fut grâce à André que Simon-Pierre découvrit le Christ (Jn.1:40-41).
- Après avoir rencontré Philippe, le Seigneur l'utilisa pour rencontrer Nathanaël (Jn.1:43-45).

Nous voyons à travers toutes ces histoires et bien d'autres combien les aides de destinée sont importantes et incontournables dans nos vies. Personne ne peut s'en passer, car nul ne se suffit lui-même. Même le Seigneur Jésus-Christ sur la terre eut *besoin*de Jean Baptiste pour préparer le chemin avant qu'il ne commence son ministère (Mc.1:1-3). Dans les moments les plus difficiles de sa vie, lorsque les disciples de premier plan l'avaient abandonné, Dieu a suscité Simon de Sirène pour l'aider à porter sa croix et plus tard Joseph d'Arimathée pour son enterrement. Sans toutes ces personnes, Jésus n'aurait peut-être pas pu accomplir toute sa mission. Plus la tâche que Dieu vous aura confiée sera grande, plus vous aurez besoin d'aides de destinée; ces gens par lesquelles votre vie prend un tournant décisif et déterminant dans l'accomplissement du plan de Dieu.Leur présence est onctueuse et apporte indéniablement à votre vie une marque tellement positive qu'il est difficile de l'oublier même avec le temps.

Vous devez prier pour les reconnaître, mais aussi savoir vous détacher d'eux lorsque leur mission est terminée dans votre vie ou lorsque Dieu vous appelle ailleurs.

III. Quand se détacher des aides de destinées ?

Rares sont les aides de destinée qui doivent être auprès de vous toute la vie. En général, leur intervention est ponctuelle et temporelle. Vouloir prolonger ce temps pourrait créer de sérieux problèmes, au point même de détruire ce qui avait déjà été construit.Laban fut une aide de destinée pour Jacob. Il le recueillit à un moment très difficile de sa vie lorsqu'il n'avait absolument rien et qu'il était loin de sa famille. Il l'hébergea, le nourrit, lui donna un travail et une femme. Pourtant à un moment, il fallait qu'ils se séparent. La Bible dit : « Jacob entendit les propos des fils de Laban, qui disaient : Jacob a pris tout ce qui était à notre père, et c'est avec le bien de notre père qu'il s'est acquis toute cette richesse. Jacob remarqua aussi le visage de Laban; et voici, il n'était plus envers lui comme auparavant. Alors l'Éternel dit à Jacob: Retourne au pays de tes pères et dans ton lieu de naissance, et je serai avec toi » (Gn.31:1-3).

Quelqu'un qui a été *tout* pour nous à un moment donné peut devenir un poison à un autre moment. Nous devons apprendre à discerner les temps et les saisons. Lorsque quelqu'un que Dieu a particulièrement utilisé pour nous bénir est en fin de mission dans notre vie, très souvent les tensions se multiplient, l'atmosphère ne permet plus l'édification et la gloire de Dieu quitte la relation. Le plus souvent nos efforts sincères et répétés d'arranger les choses n'y changeront rien. Alors à ce moment-là, nous devons nous retirer, même si c'est d'abord pour un temps. Cependant, cette manière de se séparer n'est pas la volonté parfaite de Dieu. Elle dénoterait notre immaturité, l'influence de la chair dans notre façon de voir ou de penser.

Dieu voudrait que nous discernions chacun pour sa part, le temps de la séparation et qu'il soit traversé dans la transparence et la paix.La Bible nous donne des signes caractéristiques des gens dont nous devons nous séparer, peu importe ce qu'ils ont été ou sont pour nous.

- « Je vous exhorte, frères, à prendre garde à ceux qui causent des divisions et des scandales, au préjudice de l'enseignement que vous avez reçu. Éloignez-vous d'eux. Car de tels hommes ne servent point Christ notre Seigneur, mais leur propre ventre ; et, par les paroles douces et flatteuses, ils séduisent les cœurs des simples » (Rom. 16:17-18).
- « Maintenant, ce que je vous ai écrit, c'est de ne pas avoir des relations avec quelqu'un qui, se nommant frère est impudique, ou cupide, ou idolâtre, ou outrageux, ou ivrogne, ou ravisseur, de ne pas même manger avec un tel homme » (1Cor.5:11).

- « Quiconque va plus loin et ne demeure pas dans la doctrine de Christ n'a point Dieu; celui qui demeure dans cette doctrine a le père et le fils. Si quelqu'un vient à vous et n'apporte pas cette doctrine, ne le recevez pas dans votre maison, et **ne lui dites pas : salut!** » (2Jn.9-10).
- « Car les hommes seront égoïstes, amis de l'argent, fanfarons, hautains, blasphémateurs, rebelles à leurs parents, ingrats, irréligieux, insensibles, déloyaux, calomniateurs, intempérants, cruels, ennemis des gens de bien, traîtres, emportés, enflés d'orgueil, aimant le plaisir plus que Dieu, ayant l'apparence de la piété, mais reniant ce qui en fait la force. **Éloigne-toi de ces hommes-là** » (2Tim.3:2-5).

La compagnie ou la présence de certaines personnes dans nos vies deviendra certainement un piège pour nous. Le genre de vie que mène une personne et l'enseignement qu'elle donne sont des indices forts qui annoncent si nous devons continuer de marcher avec elle ou non.

IV. Reconnaître les faux prophètes pour ne pas les confondre aux aides de destinées

Les faux prophètes sont rusés, parlent bien et sont très charismatiques, on peut quelquefois facilement les confondre aux aides de destinée. Ceux qui tombent dans ce piège n'accompliront jamais le plan de Dieu pour leur vie.

Les faux prophètes sont rusés, parlent bien et sont très charismatiques, on peut quelquefois facilement les confondre aux aides de destinée. Ceux qui tombent dans ce piège n'accompliront jamais le plan de Dieu pour leur vie.

Imaginez que les enfants d'Israël avaient suivi Jannès et Jambrès qui s'opposèrent à Moïse en Égypte avec leurs pouvoirs magiques capables de transformer un bâton en serpent (Exode 7:11; 2Tim.3:8). En accomplissant eux aussi le premier signe que l'Éternel avait donné à Moïse pour prouver à pharaon qu'il était envoyé par LUI, ces sorciers auraient pu détourner l'attention de quelques naïfs avec leurs mensonges et ne seraient alors jamais arrivés à Canaan et n'auraient jamais accompli leur destinée. Nous avons plein de gens comme Jannès et Jambrès aujourd'hui dans l'église. Ils font pratiquement tout, comme des hommes de Dieu authentiques. Ceux qui tombent dans leur filet sont à plaindre, parce qu'ils deviennent leurs esclaves.

Avant de dire qu'une prophétie ne s'est pas accomplie, il est important de se rassurer qu'elle venait vraiment de Dieu. Le Seigneur nous recommande d'éprouver les esprits pour voir s'ils sont de Dieu (1Jean 4:1); de ne pas mépriser les prophéties, mais de les examiner toutes (1Thess.5:21); de les juger (1Cor. 14:29). Une des méthodes nous permettant de juger une prophétie est le vase par lequel nous la recevons. Si le vase est sale, alors il est certain que le contenu le sera aussi. Et quand bien même le contenu serait bon, il faudrait s'en détourner, car il ne pourra pas être bon tout le temps. Le danger de recevoir même les prophéties vraies d'un faux prophète est que vous ouvriez votre esprit à l'erreur et le jour où la fausse prophétie arrivera vous n'aurez plus un discernement assez aiguisé pour percevoir la vérité. La voyante de Actes 16:16-18, en disant que Paul et Silas étaient des serviteurs du Dieu Très- Haut, disait la vérité à ce moment précis, mais Paul a quand-même chassé l'esprit de divination qui l'animait. Le don du discernement est l'équipement surnaturel par excellence que Dieu a donné à certaines personnes comme Paul pour facilement savoir de quel esprit sont animés les gens. Mais nous pouvons aussi nous inspirer de la Parole de Dieu pour discerner. Le Seigneur est formel : Nous ne devons pas écouter les faux prophètes ou les devins (Dt.18: 11-12). Voici quelques outils dont nous pouvons nous servir dans la parole de Dieu pour exercer le discernement.

1. **Fausses prophéties régulières (quand ce qui est prédit n'arrive pas)**

« Peut-être vous demanderez-vous: comment saurons-nous qu'une prophétie ne vient pas de l'Éternel ? Sachez donc que si le prophète annonce de la part de l'Éternel une chose qui ne se réalise pas, si sa parole reste sans effet, c'est que son message ne vient pas de l'Éternel, c'est par présomption que le prophète l'aura prononcé : vous ne vous laisserez donc pas impressionner par lui » (Dt.18:21-22).

Une des marques de distinction forte de la vie d'un vrai prophète, c'est l'accomplissement de ses prophéties. La Bible dit que « Samuel grandissait, et l'Éternel était avec lui et ne laissait aucune de ses paroles rester sans effet. Si bien que de tout Israël, depuis Dan jusqu'à Beer-Chéba, reconnut que Samuel était vraiment un prophète de l'Éternel » (1Sam. 3:19-20).

Attention : Déclarer quelque chose qui ne s'accomplit pas ne fait pas forcément de quelqu'un un faux prophète. En tant qu'homme, tout le monde peut se tromper à un moment donné. Mais lorsque les fausses prophéties commencent à se multiplier, il y a vraiment lieu de s'inquiéter. Parfois la jeunesse ou l'immaturité d'un vrai prophète peut expliquer son erreur. Samuel lui-même confondit à plusieurs reprises la voix de Dieu à celle de son père spirituel au début de son ministère. Pourtant il grandit par la suite et aucune de ses prophéties ne manqua de s'accomplir. Pierre reçut de Dieu le Père que Jésus était le Messie, le fils de Dieu ; Mais cela ne l'empêcha pas de recevoir que Jésus ne devait pas aller à la croix. Satan profita des pensées erronées de Pierre pour s'infiltrer. Voilà pourquoi Jésus dit: « Arrière de moi **Satan**, car tes **pensées** sont celles des hommes et non de Dieu » (Mt. 16:16-17; 21-23). Les Juifs attendaient un Messie qui, comme Moïse autrefois, viendrait les libérer de la domination *coloniale* qu'ils subissaient de la part des romains. Il était donc inadmissible pour un bon Juif comme Pierre que le Messie meurt entre les mains de ses ennemis. La défaite aurait été trop dure à supporter et même une contradiction si le libérateur était plutôt arrêté et tué. Pierre était donc sous la double influence de ses propres pensées et du diable qui en aprofité. Toutefois, lorsque les fausses prophéties deviennent récurrentes et qu'on trouve toujours une circonstance atténuante pour expliquer pourquoi elles ne s'accomplissent pas, il y a lieu de s'interroger sur la source. Les faux prophètes sont très rusés et vous trouveront tout le temps des explications à leurs erreurs. La Bible dit que la vérité sera établie de la bouche de 2 ou 3 témoins. Ainsi, nous pensons que plus de 3 fausses prophéties avérées suffiront pour déclarer de quelqu'un qu'il est un faux prophète, c'est-à-dire qu'un autre esprit en dehors de l'Esprit de Dieu l'anime.

2. Vie de péché régulière

La plupart des faux prophètes ne peuvent pas supporter la vie de sanctification. Ils sont très souvent esclaves d'un ou plusieurs péchés. Paul dit: « Car tout ce que ces gens-là font en cachette est si honteux qu'on n'ose même pas en parler » (Eph.5:12). Jésus dit que plusieurs diront au dernier jour: « N'avons-nous pas prophétisé en ton nom?... Je leur dirai ouvertement : Eloignez-vous de moi, vous qui commettez l'iniquité » (Mt.7:22-23). Une de leurs caractéristiques est donc la vie de péché. Et Les péchés de prédilection de ces gens peuvent être regroupés en 4 catégories à savoir :

a. L'idolâtrie et l'occultisme

La grande majorité d'entre eux utilisent des pouvoirs mystiques pour opérer. Certains ont des bagues magiques, des savons et parfums mystiques, des huiles commandées depuis le monde des ténèbres, etc. Ils font souvent des sacrifices d'animaux et même des sacrifices humains pour augmenter leur popularité et le nombre de leurs fidèles. La plupart du temps, vous verrez des insignes des sociétés occultes occidentales, orientales ou traditionnelles dans leurs églises. Ils invoquent un autre dieu que l'Éternel et quand même ils disent dieu tout-puissant, ils ne parlent pas toujours du même Dieu que le commun des mortels. Ils utilisent aussi des messages subliminaux, c'est-à-dire des messages codés qui cachent une réalité autre que ce que vous entendez. Par exemple vous pouvez être en train d'entendre *soyez bénis* alors qu'on est en train de vous maudire. Il arrivemême que certains disent ouvertement par exemple :*je vous maudis avec la richesse.* Ne vous y trompez pas, aucune malédiction ne peut vous être bénéfique. Si votre richesse est une malédiction, alors elle fera votre malheur et vous amènera certainement loin de Dieu. La Bible dit que « c'est la bénédiction de l'Éternel qui enrichie, et elle n'est suivie d'aucun chagrin » (Prov.10:22). Tous ces faux prophètes qui utilisent les pouvoirs diaboliques pour opérer ont de ce fait profané et souillé leur lieu de culte, de telle sorte que Dieu n'y est plus. En effet Dieu *quitte* tout lieu que les piliers ou les responsables consacrent à son ennemi (Satan). Voilà pourquoi vous pouvez facilement être envoûté à de tels endroits, même si on les appelle *église.*

b. Les scandales sexuels

On entend régulièrement parler de divorce, d'adultère, de viol et de pédophilie parmi ces faux prophètes. Ils utilisent spirituellement leurs victimes sexuelles pour augmenter leurs pouvoirs. Par le contact sexuel, vous pouvez en un instant être complètement dépouillé de votre potentiel spirituel, intellectuel ou financier. Les liens sexuels sont particulièrement puissants et unissent fortement les parties engagées. Malheureusement, seuls les initiés savent utiliser ces liens pour vous sucer jusqu'à la moelle, pendant que les naïfs pensent qu'ils ont affaire à un simple plaisir charnel. Au-delà de l'aspect spirituel et de l'utilisation spirituelle de leurs victimes, les faux prophètes n'ont pas réussi, pour la plupart, à vaincre leurs appétits sexuels parce que les forces diaboliques qu'ils utilisent ne sauraient les aider à cette fin. Au contraire, ils les y poussent en les rendant incapables de se maîtriser. Un des objectifs premiers du diable est de détruire la cellule familiale, et le meilleur moyen de s'y prendre est de pousser les hommes à la débauche. Quand on a vendu son âme au diable pour la célébrité ou la richesse, très souvent un des revers c'est qu'il se saisit de notre famille ou même de notre descendance pour en faire un chaos total.

c. La cupidité et les scandales financiers

« Car il en est plusieurs qui marchent en ennemis de la croix de Christ, je vous en ai souvent parlé, et j'en parle maintenant encore en pleurant. Leur fin sera la perdition ; ils ont pour dieu leur ventre, ils mettent leur gloire dans ce qui fait leur honte, ils ne pensent qu'aux choses de la terre » (Phil.3:18-19).

Ils appauvrissent des gens à leur propre compte, pourtant Paul précise avoir pris soin des pauvres, selon ce que les autres apôtres lui avaient recommandé de faire (Gal.2:10). Ils étaient regardés comme pauvres (ils n'étaient pas riches) pourtant ils enrichissaient plusieurs (2Cor.6:10). Paul dit encore : « Nous n'avons fait de tort à personne, nous n'avons ruiné personne, nous n'avons exploité personne » (2Cor.7:2). Les faux prophètes vendent l'eau, le sel, l'huile, les parfums, les mouchoirs, les amulettes, les prières, etc. Pourtant Jésus a chassé les gens qui faisaient le commerce dans le temple. Il dit « Ma maison sera appelée une maison de prière, mais vous en avez fait une caverne de voleurs » (Mt.21:13). Leurs églises ressemblent parfois plus à des lieux de commerce que de culte. Il est écrit : « Vous avez reçu gratuitement, donnez gratuitement » (Mt.10:8). Ils prêchent surtout autour de l'argent qu'on peut donner pour recevoir des *bénédictions* et omettent en général la sainteté et la justice. Jésus dit: « Malheur à vous, scribes et pharisiens hypocrites! Parce que vous payez la dîme de la menthe, du cumin et de l'aneth, et que vous laissez ce qui est plus important dans la loi, la justice, la miséricorde et la fidélité... » (Mt.23:23).

Ces gens vous donnent l'impression que plus vous donnez de l'argent, plus vos prières seront exaucées; comme si l'on pouvait acheter Dieu. Ils vous diront quelquefois que ceux qui veulent ci ou ça (promotion, mariage, guérison, fertilité, etc.) devraient venir munis de telle ou telle somme d'argent. C'est une aberration totale!

Ils s'amassent souvent des richesses insolentes au détriment de leurs membres. Il n'est pas rare que ce genre de prophète soit le seul vrai riche qui émerge de sa communauté, alors que la grande majorité des autres croupit sous le poids de la pauvreté. Dans d'autres cas, certains faux prophètes, sous le couvert de l'église vont jusqu'à faire des trafics de drogues, d'ossements, d'organes humains, etc.

d. L'orgueil, l'arrogance et la manipulation:2Thes.2:9-10

Pour manipuler, les faux prophètes disent ce que les gens aiment entendre. L'Ecriture déclare que dans les derniers temps les gens « se donneront une foule de faux docteurs qui les enseigneront selon ce qui est agréable aux oreilles » (2Tim.4:3).

Cette foule de faux docteurs, faux prophètes en général, tiennent beaucoup au culte de la personnalité. Ils sont hautement vénérés et tout tourne autour d'eux dans leurs lieux de culte. Généralement c'est à eux de vous dire ce que Dieu attend de vous; l'idée étant de vous faire croire que Dieu ne passe que par eux pour vous atteindre. En jouant ainsi un rôle de médiation entre Dieu et les hommes, ils s'arrogent la place qui appartient au Christ seul dans les Écritures (1Timothée 2:5). Ils sont la plupart du temps imbus d'eux-mêmes, se faisant même appeler quelquefois*Dieu*, *Jésus*, ou tout autre titre faisant allusion à une divinité ou à un être infaillible. Généralement, ils sont animés d'un esprit sectaire et ne supportent pas d'écouter ou de traiter avec les autres. Ils donnent l'impression d'avoir une révélation supérieure de Dieu à laquelle tout le monde devrait s'y soumettre sans opposition à leur autorité. Quand ils ne sont pas à la tête d'un rassemblement quelconque, ils le critiquent et s'en désolidarisent rapidement. Ils aiment la flamboyance et la haute vie; donnant ainsi l'impression que le luxe est le signe par excellence de la bénédiction de Dieu.

Attention : le fait d'être tombé dans un péché ne signifie pas forcément que quelqu'un est un faux prophète. La Bible dit qu'il n'y a personne qui ne pèche (1Rois 8:46). A cause de la peur, Pierre a renié le Seigneur, mais il s'est repenti une fois pour toutes. Tout le monde peut tomber dans un péché à un moment donné. C'est lorsqu'on vit régulièrement dans une situation clairement interdite par le Seigneur et qu'on continue en même temps de prophétiser qu'il faut s'interroger sur l'esprit qui nous anime réellement.

3. **Contradiction de la Bible** (quand ce qui est dit est clairement contraire ou différent de ce que la Bible dit)

« S'il s'élève au milieu de toi un prophète ou un songeur qui t'annonce un signe ou un prodige, et qu'il y ait accomplissement du signe ou du prodige dont il a parlé en disant: Allons après d'autres dieux...tu n'écouteras pas les paroles de ce prophète ou de ce songeur... » (Dt.13:1-3).

« Je le déclare à quiconque entend les paroles de la prophétie de ce livre: Si quelqu'un y ajoute quelque chose, Dieu le frappera des fléaux décrits dans ce livre; et si quelqu'un retranche quelque chose des paroles du livre de cette prophétie, Dieu retranchera sa part de l'arbre de la vie et de la ville sainte décrite dans ce livre » (Apocalypse 22:18-19).

Personne, quelque soit son titre ou ses attributs n'a le droit de modifier ou de changer même un mot de ce qui est écrit dans la Bible. Tous ceux qui le font s'attaquent directement à Dieu lui-même, et il leur répondra.

V. Pourquoi Dieu laisse-t-il parfois les faux prophètes

1. Pour nous éprouver et voir si nous observerions toujours sa parole malgré leurs faux enseignements (Dt.13:4).

Dieu utilise souvent les faux prophètes pour tamiser, afin de retirer ses vrais enfants et livrer ceux qui le suivent pour leurs propres intérêts à l'ennemi. Certains chrétiens disent: *Tout le monde le fait; c'est ce qui marche maintenant. Dieu ne va pas quand-même rejeté tout ce beau monde qui agit ainsi...* Quelle erreur! Rappelons- nous que de 600.000 hommes partis d'Égypte, seuls 2 sont entrés à Canaan, la terre qui leur avait pourtant été promise à tous. Sodome et Gomorrhe étaient deux grandes métropoles en leur temps, pourtant seul le juste Lot et ses 2 filles y furent sauvés. Dieu détruisit le monde entier du temps de Noé qui échappa seul avec sa famille, soit 8 personnes au total. Dieu ne regarde pas à la masse, mais plutôt au cœur de l'homme.

2. Pour punir les injustes et ceux qui sont rebelles à sa Parole

Les mauvais esprits sont parfois envoyés par l'Éternel pour châtier les hommes méchants et rebelles en les induisant en erreur pour leur perte. Regardez les passages ci-dessous :

2Thes.2:9-12: « L'apparition de cet impie se fera, par la puissance de Satan, avec toutes sortes de miracles, de signes et de prodiges mensongers, et avec toutes les séductions de l'iniquité pour ceux qui périssent parce qu'ils n'ont pas reçu l'amour de la vérité pour être sauvés. Aussi **Dieu leur envoieune puissance d'égarement, pour qu'ils croient au mensonge,** afin que tous ceux qui n'ont pas cru à la vérité, mais qui ont pris plaisir à l'injustice, soient condamnés. »

> ***Aussi Dieu leur envoie une puissance d'égarement, pour qu'ils croient au mensonge, afin que tous ceux qui n'ont pas cru à la vérité, mais qui ont pris plaisir à l'injustice, soient condamnés.***

Juges 9:23-24: « Alors Dieu envoya un mauvais esprit entre Abimélec et les habitants de Sichem, et les habitants de Sichem furent infidèles à Abimélec, afin que la violence commise sur les 70 fils de Jerubaal reçût son châtiment et que leur sang retombât sur Abimélec... »

1Sam.19:9: « Alors le mauvais esprit de l'Éternel fut sur Saül, qui était assis dans sa maison, sa lance à la main. »

1Rois22:19-23 «... J'ai vu l'Éternel siégeant sur son trône, tandis-que toute l'armée des cieux se tenait près de lui...L'Eternel demanda: Qui trompera Achab pour qu'il aille attaquer Ramoth en Galaad et qu'il tombe sur le champ de bataille ? L'un proposait ceci, l'autre cela. Finalement un esprit s'avança, se plaça devant l'Éternel et dit: Moi, je le tromperai. L'Eternel lui demanda: Et comment t'y prendras-tu? J'irai, répondit-il, inspiré des mensonges à tous ses prophètes. L'Eternel dit: Pour sûr, tu le tromperas, tu y réussiras. Va donc et fais comme tu l'as dit. Et maintenant, conclut Michée, c'est ce qui est arrivé : l'Éternel a fait qu'un esprit de mensonge inspire tous tes prophètes ici présents, car l'Éternel a résolu ta perte. »

Dès que vous avez la certitude qu'un serviteur de Dieu ou un prophète est faux, vous devez immédiatement vous séparer de lui pour votre propre bien. Ne vous fiez pas à la foule nombreuse qu'il attire. C'est une foule constituée majoritairement des égarés qui cherchent leurs propres intérêts et non le royaume et la justice de Dieu.Dans quelques rares cas, le Seigneur peut vouloir que nous les confrontions ouvertement pour faire éclater la vérité.

VI. Confrontation des faux prophètes

Quelquefois dans la Bible, de véritables hommes de Dieu ont confronté les faux prophètes au moyen de la toute-puissance du Seigneur et de Sa Parole de diverses manières. Nous pouvons donc aussi utiliser ces méthodes pour confronter les faux prophètes.

1. La résistance et la réfutation.

La résistance consiste à refuser simplement et poliment d'obéir aux instructions, alors que la réfutation consiste à contrarier ou à contrecarrer les déclarations d'un faux serviteur de Dieu par une déclaration contraire que l'on tient véritablement du Seigneur. Voici une confrontation semblable entre Néhémie, Sanballat et Guéschem : « Alors Sanballat et Guéschem m'envoyèrent dire: viens, et ayons ensemble une entrevue dans les villages de la vallée d'Ono. Ils avaient médité de me faire du mal. Je leur envoyai des messagers avec cette réponse : J'ai un grand ouvrage à exécuter, et je ne puis descendre ; le travail serait interrompu pendant que je le quitterais pour aller vers vous. **Ils m'adressèrent 4 fois la même demande, et je leur fis la mêmeréponse**. Sanballat m'envoya ce message une cinquième fois par son serviteur, qui tenait à la main une lettre ouverte. Il y était écrit : Le bruit se répand parmi les nations et Gaschmu affirme que toi et les juifs vous pensez à vous révolter, et que c'est dans ce but que tu rebâtis la muraille. Tu vas, dit-on, devenir leur roi, tu as même établi des prophètes pour te proclamer à Jérusalem roi de Juda. Et maintenant ces choses arriveront à la connaissance du roi. Viens donc, et consultons ensemble. Je fis répondre à Sanballat : **Ce que tu dis là n'est pas; c'est toi qui l'inventes!** Tous ces gens voulaient nous effrayer et ils se disaient : Ils perdront courage et l'œuvre ne se fera pas. Maintenant, ô Dieu, fortifie-moi! Je me rendis chez Schemaeja, fils de Delaja, fils de Mehétabeel. Il s'était enfermé, et il dit: Allons ensemble dans la maison de Dieu, au milieu du temple, et fermons les portes du temple; car ils viennent pour te tuer, et c'est pendant la nuit qu'ils viendront pour te tuer. Je répondis: Un homme comme moi prendre la fuite! Et quel homme tel que moi

> ***Nous devons apprendre à nous détourner des appels et des injonctions des gens dont nous ne sommes pas toujours convaincus du ministère qu'ils portent; quelque soient leurs insistances auprès de nous.***

pourrait entrer dans le temple et vivre? Je n'entrerai point. Je reconnus que ce n'était pas Dieu qui l'envoyait. Mais il prophétisa ainsi sur moi parce que Sanballat et Tobija lui avaient donné de l'argent.... Souviens-toi, ô mon Dieu, de Tobija et de Sanballat, et de leurs œuvres! Souviens-toi aussi de Noadia, la prophétesse, et des autres prophètes qui cherchaient à m'effrayer! La muraille fut achevée le 25ème jour du mois d'Elul, en 52 jours » (Neh. 6 :2-15)

Nous voyons de la résistance dans cette confrontation lorsque 4 fois de suite, Néhémie refuse poliment de rencontrer ses adversaires rusés qui faisaient semblant de se préoccuper de son bien-être. Nous devons apprendre à nous détourner des appels et des injonctions des gens dont nous ne sommes pas toujours convaincus du ministère qu'ils portent; quelque soient leurs insistances auprès de nous.

Après cette première confrontation, Néhémie passa à un affrontement plus direct, puisque ses adversaires ne voulurent pas le laisser tranquille. « **Ce que tu dis là est faux; tu l'inventes!** » ; « **Ce n'est pas Dieu qui t'envoie, mais plutôt l'argent que tu cherches!** », Nous devons parfois oser aller jusqu'à en découdre avec ces gens que certains prennent pour des demi-dieux. Dans 1 Rois 22, 400 prophètes furent unanimes de prophétiser que le Roi Achab devait aller en guerre parce qu'il serait vainqueur. Mais lorsqu' arriva Michée, il fut le seul à prophétiser le contraire, réfutant ce que disaient les autres. Sur ordre du roi, il fut arrêté et jeté en prison, « jusqu'à ce que le roi revienne en paix ». Et Michée de répondre: « Si tu reviens en paix, l'Éternel n'a point parlé par moi » (1Rois 22:27-28). La confrontation des faux prophètes est parfois risquée, puisquepour la plupart ils sont nantis et ont la capacité de se protéger, bien s'entourer et intimider les autres. Certains d'ailleurs disposent de plus grands atouts : personnalités influentes du monde politique, du gouvernement, de l'armée et autres. Notez combien de fois Néhémie appela le Seigneur à l'aide. Ne vous y aventurez pas de vous-mêmes. Ne perdons point de vue que le combat est surtout spirituel et doit s'effectuer dans toute l'humilité nécessaire, non dans l'arrogance. Notre hardiesse devant les faux prophètes doit être empreinte d'humilité et non teintée d'orgueil.

2. La démonstration de puissance.

Par cette méthode, le serviteur de Dieu expose et anéantit la puissance diabolique cachée derrière le faux prophète. Il dévoile la vérité sur qui est au service de l'évangile et qui ne l'est pas afin que tous soient informés. Nous lisons une confrontation semblable entre Paul et Elimas le magicien : « Ayant ensuite traversé toute l'île jusqu'à Paphos, ils trouvèrent un certain magicien, faux prophète juif, nommé Bar-Jésus, qui était avec le proconsul Sergius Paulus, homme intelligent. Ce dernier fit appeler Barnabas et Saul, et manifesta le désir d'entendre la parole de Dieu. Mais Elymas, le magicien, car c'est ce que signifie son nom, leur faisait opposition, cherchant à détourner de la foi le proconsul. Alors Saul, appelé aussi Paul, rempli du Saint-Esprit, fixa les regards sur lui, et dit: Homme plein de toute espèce de ruse et de fraude, fils du diable, ennemi de toute justice, ne cesseras-tu point de pervertir les voies droites du Seigneur ? Maintenant voici, la main du Seigneur est sur toi, tu seras aveugle, et pour un temps tu ne verras pas le soleil. Aussitôt l'obscurité et les ténèbres tombèrent sur lui, et il cherchait, en tâtonnant, des personnes pour le guider. Alors le proconsul, voyant ce qui était arrivé, crut, étant frappé de la doctrine du Seigneur » (Actes 13:6-12).

Dans une autre confrontation de Paul, nous lisons: « Comme nous allions au lieu de prière, une servante qui avait un esprit de python, et qui, en devinant, procurait un grand profit à ses maîtres, vint au-devant de nous, et se mit à nous suivre, Paul et nous. Elle criait: Ces hommes sont les serviteurs du Dieu Très-Haut, et ils vous annoncent la voie du salut. Elle fit cela pendant plusieurs jours. Paul fatigué se retourna, et dit à l'esprit : Je t'ordonne, au nom de Jésus-Christ, de sortir d'elle. Et il sortit à l'heure même » (Actes 16:16-18).

Le prophète Elie confronta par une démonstration de puissance 450 prophètes de Baal et 400 prophètes d'Astarté tous ensemble. Voici la synthèse de la confrontation : « Fais maintenant rassembler tout Israël auprès de moi, à la montagne du Carmel, et aussi les 450 prophètes de Baal et les 400 prophètes d'Astarté qui mangent à la table de Jézabel. Achab envoya des messagers vers tous les enfants d'Israël, et il rassembla les prophètes à la montagne du Carmel. Alors Élie s'approcha de tout le peuple, et dit: Jusqu'à quand clocherez-vous des deux côtés ? Si l'Éternel est Dieu, allez après lui; si c'est Baal, allez après lui! Le peuple ne lui répondit rien. Et Élie dit au peuple : je suis resté seul des prophètes de l'Éternel, et il y a 450 prophètes de Baal. Que l'on nous donne 2 taureaux ; qu'ils choisissent pour eux l'un des taureaux, qu'ils le coupent par morceaux, et qu'ils le placent sur le bois, sans y mettre le feu; et moi, je préparerai l'autre taureau, et je le placerai sur le bois, sans y mettre le feu. Puis invoquez le nom de votre dieu; et moi, j'invoquerai le nom de l'Éternel. Le dieu qui répondra par le feu, c'est celui-là qui sera Dieu. Et tout le peuple répondit, en disant : C'est bien!... » (1Rois18:19-24).

A l'issue de cette confrontation entre Elie et les prophètes de Baal, le peuple, après avoir vu que c'était l'Éternel qui avait répondu par le feu, s'écria visage contre terre: « C'est l'Éternel qui est Dieu! C'est l'Éternel qui est Dieu! » Dorénavant en Israël en ce temps-là, tous savaient sans l'ombre d'un doute qui était le vrai Dieu et qui était son serviteur.

Lorsque Moïse fut envoyé auprès du pharaon de la part de l'Éternel, les magiciens de pharaon accomplirent les 3 premiers miracles que l'Éternel avait ordonné à Moïse d'accomplir. Mais au 4ème, celui consistant à changer la poussière de la terre en poux, les magiciens ont démissionné : « Et les magiciens dirent à Pharaon: C'est le doigt de Dieu! » (Exode 8:14-15).

La confrontation par la démonstration de puissance n'a qu'un but : montrer à tous qui est Dieu et qui ne l'est pas ; qui sert Dieu et qui ne le sert pas.

Au 7ème miracle, « Les magiciens ne purent paraître devant Moïse, à cause des ulcères ; car les ulcères étaient sur les magiciens, comme sur tous les Égyptiens » (Exode 9:11).

La confrontation par la démonstration de puissance n'a qu'un but : montrer à tous qui est Dieu et qui ne l'est pas ; qui sert Dieu et qui ne le sert pas.

Si l'Éternel vous pousse à confronter un faux prophète de cette manière, rassurez-vous, c'est pour donner gloire à son nom et non pas pour vous projeter en avant, car ne l'oubliez pas, notre Dieu est un Dieu jaloux qui ne partage pas sa gloire avec l'Homme.

La confrontation des faux prophètes est parfois nécessaire pour faire la part des choses et établir la vérité. Cependant, des fois Dieu voudra tout simplement que se retire son serviteur sans toutefois attirer l'attention.

VII. Quelques difficultés du ministère prophétique

Le ministère prophétique n'est pas aussi simple que le pensent plusieurs. Il ne se résume pas à simplement recevoir un message de Dieu et ensuite le voir s'accomplir. Avoir le don de prophétie ne suffit pas pour faire un prophète. Les prophètes sont aussi la plupart du temps : intercesseurs, enseignants de la parole de Dieu, possédant en outre plusieurs autres dons de révélation. Voilà pourquoi ils sont appelés sentinelles (Ez. 33:7 Es. 62: 6-7).

Les difficultés liées au ministère prophétique sont parfois confondantes pour les personnes limitées que nous sommes. Comment comprendre par exemple que Dieu vienne de convaincre Moïse, après de nombreuses péripéties, d'aller libérer son peuple en Égypte et que peu après Il veuille le tuer alors qu'il est en route pour la mission? En effet un interdit planait dans la famille de Moïse: Son fils était incirconcis et Moïse le savait. Parfois, malgré les prophéties et les promesses de Dieu, l'on pourrait perdre sa vie sans que rien de tout cela ne s'accomplisse juste à cause de notre négligence ou de notre désobéissance. N'eut été la prompte intervention de la femme de Moïse pour rapidement circoncire l'enfant, il y aurait laissé sa peau (Exode 4:24-26).

Lorsque Moïse alla à la rencontre de Pharaon pour la première fois sur très haute instruction de l'Éternel, Pharaon doubla le travail des Hébreux au lieu de les laisser aller comme demandé par Moïse. Cela était déconcertant et l'on aurait immédiatement pensé que les propos de Moïse ne venaient pas de Dieu. Lorsqu'il se rendit auprès du Seigneur, celui-ci lui demanda de retourner auprès de Pharaon sans explication aucune sur le résultat obtenu de la première tentative. Ce ne sera que bien plus tard que Moïse recevra de l'Eternel qu'il était à l'origine de l'endurcissement du cœur de pharaon pour qu'éclate sa toute-puissance. Dieu ne nous dévoile pas toujours les péripéties par lesquelles nous passerons pour que ce qu'il a dit se manifeste. Et l'on pourrait facilement abandonner la bataille, pensant avoir eu affaire à une fausse prophétie. Rentrons toujours auprès du Roi des rois pour avoir plus d'amples explications. Si nous le cherchons sincèrement sans tirer à la hâte nos propres conclusions, Il nous éclairera.

Un autre exemple se trouve dans le livre des Juges au chapitre 20. Dieu dit aux enfants d'Israël d'aller combattre la tribu de Benjamin qui avait commis une infamie. Ceux-ci partirent et furent vaincus. Ils retournèrent auprès du Seigneur qui leur demanda d'y aller de nouveau. Ils y allèrent et furent de nouveau vaincus. Finalement ce n'est qu'à la 4ème tentative qu'ils vinrent à bout de Benjamin.

Paul fut conduit en Macédoine par l'Esprit du Seigneur. Pourtant à peine arrivé, il fut cueilli à froid par les ennemis de l'Évangile qui le déshabillèrent, le torturèrent sérieusement avant de le jeter en prison (Actes 16: 16-23). Le fait que Dieu nous ait parlé ne signifie pas toujours que tout se déroulera bien. Le monde prophétique est souvent difficile à comprendre et même parfois risqué. Toutefois, le fuirons-nous pour ses risques?

Pierre dit à Jésus: « A qui irions-nous, tu as les paroles de la vie éternelle » (Jn.6:68). Un frère frustré par les prophéties qu'il croyait avoir reçu du Seigneur mais qui l'avaient hélas plongé dans bien des tourments, entre autre la prison, décida de vivre désormais sa vie à sa guise, sans plus tenir compte de la pensée de Dieu. Son erreur fut de penser que lorsqu'on est envoyé par Dieu, l'on ne fait plus face à aucune difficulté. La fuite n'est pas la solution. Soyons prudents et vigilants ; c'est d'ailleurs ce que nous prescrit le Seigneur lui-même.Veillez et priez; sondez les écritures et référez-vous y toujours. Et puis sachez-le, il se pourrait même que vous arriviez à vous tromper au sujet d'une révélation que vous croyiez venir du Seigneur. L'important dans tout c'est que vous soyez sincère avec Dieu et que vous vous releviez de cette situation ; tirez-en les leçons et continuez votre course. Vous n'êtes qu'un homme faillible, c'est bien pour cela que Paul prescrit que soient examinées les prophéties. Le Seigneur ne laissera jamais tomber ceux qui veulent le suivre coûte que coûte.

Conclusion

L'accomplissement de sa destinée n'est pas un jeu d'enfant ; C'est du solide ! Il faut être prêt à tout pour y arriver, même à mourir. Pourtant le plus dur n'est pas de mourir physiquement, mais de mourir à soi-même et de vivre vraiment pour Dieu.

Ce livre a été écrit pour vous aider à comprendre ce que Dieu attend de vous. Ce sera une question phare au jour du jugement: « Qu'avez-vous fait de tout ce que je vous ai donné ? » Dès lors que vous savez ce que Dieu attend de vous, focalisez entièrement votre vie là-dessus. Vivre sa destinée, c'estaccomplir ce que Dieu attend de nous. Vivre ou mourir n'est pas le plus important. L'essentiel c'est accomplir les desseins de l'Eternel pour notre vie. Ceux qui atteindront cet objectif recevront du Seigneur les compliments suivants au grand jour des récompenses : « **Bon et fidèle serviteur, tu as été fidèle dans de petites choses, je te confierai des grandes; entre dans la joie de ton maître** » (Mt.25:21).

Nous allons certainement rencontrer des oppositions en nous et autour de nous, sur le plan spirituel et sur le plan physique, mais peu importe. Tous les apôtres du Christ, peut-être excepté Jean, ne sont-ils pas morts martyres ? Jusqu'en 1850, seulement 4% des missionnaires blancs qui allaient en Afrique étaient encore vivants après 2 ans. Pourtant les nouveaux candidats ne manquaient pas. Le Seigneur leur avait clairement montré sa priorité en ce moment-là. Ils avaient le sens de la destinée. L'anglais William Carey fit 40 ans en Inde comme missionnaire sans jamais retourner en Angleterre. Mary Slessor ne se maria pas et elle n'eut pas d'enfant biologique parce que son fiancé avait refusé de la suivre dans son champ missionnaire à l'intérieur du Nigeria. A plus de 70 ans, Charles Studd, l'ancien champion anglais, travaillait encore 18 heures par jour pour traduire le nouveau testament en une langue locale au cœur de la forêt en Afrique centrale. Toutes ces gens et bien d'autres eurent le sens de la destinée : vivre pour un but bien plus grand que sa propre vie.L'apôtre Paul disait : « Je sais seulement que, de ville en ville, l'Esprit Saint m'avertit que des liens et des souffrances m'attendent. **Mais je n'y attache aucune importance et je ne considère pas ma vie comme précieuse, pourvu que j'accomplisse avec joie ma course et le ministère que le Seigneur Jésus m'a confié** : annoncer la bonne nouvelle de la grâce de Dieu » (Actes 20 :23-24).

Environ 20 ans plus tôt dans la vie de ce même Paul, le Saint Esprit avait déclaré lors d'une rencontre de prière : « Mettez-moi à part Barnabas et Saul (Paul) pour l'œuvre à laquelle je les ai appelés » (Actes 13 :2).Vous pourriez ne pas être un missionnaire au sens restreint du terme comme ceux que nous venons de citer, mais sachez que vous avez tout de mêmeà accomplir une œuvre à laquelle Dieu vous a appelé ; même si vous n'en êtes pas encore conscient.Votre mission c'est ce que Dieu attend de vous. Et vous devez vivre pour ce seul but ultime. Tout le reste n'est qu'accessoire ou distraction. William Wilberforce a résumé une fois les ambitions de sa vie en ces termes: « Le Dieu tout-puissant a mis devant moi 2 grands objectifs: La suppression de la traite des esclaves et la réforme des mœurs. »En 1833, l'«abolition of slavery Bill » fut approuvée par une large majorité dans les 2 chambres du parlement. 3 jours plus tard, William Wilberforce mourut. Il fut enterré à Westminster Abbey, en reconnaissance pour ses 45 ans de lutte persévérante en faveur des esclaves africains (John Stott, *le Christ incomparable*, page 217). Martin Luther King savait bien qu'il serait tué pour la lutte pacifique qu'il menait aux États-Unis contre la ségrégation raciale, mais s'il arrêtait de la faire, pourquoi donc vivrait-il? A une occasion il déclara que : « Vous n'êtes pas digne de vivre si vous n'avez pas trouvé une cause pour laquelle vous sacrifierez votre vie. »

Vous êtes né pour un but, et vous devez le trouver et l'accomplir ; c’est cela accomplir sa destinée.

Que Dieu vous aide!

Bibliographie:

1. La Bible
2. Abraham Chigbundu, *Loose him and let him go!*
3. AjagaNji, *Why poor people remain poor.*
4. Bertrand Wamba, *La guérison intérieure et la délivrance.*
5. Cameron Townsend, *Who brought the word.*
6. David Oyedepo, *The path of the eagle.*
7. Denzil R. Miller, *D'Azusa à l'Afrique, Et de l'Afrique aux nations.*
8. D.L. Moody, *pêcheurs d'hommes.*
9. Donald R. Howard, *Le secret du leadership.*
10. Henry Blackabyet Claude V. Kings, *knowing and doing the will of God.*
11. Manuel de formation des *ministères du bon Samaritain Niveau1.*
12. Martin Luther King, *La force d'aimer.*
13. John Piper, *Au risque d'être heureux.*
14. John Stott, *Le Christ incomparable.*
15. Orlando Boyer, *Les héros de la foi.*
16. *Perspectives on the world christian Movement, NEMA.*
17. Rees Howells, *Sur la brèche.*
18. Rick Warren, *The purpose driven life.*

Printed by Books on Demand GmbH, Norderstedt / Germany